JN078693

Culture gogaku

台湾旅を楽しむための
田中式コミュニケーション術

語学を
文化に

カルチャーゴガクへようこそ。

この語学書は、正統派な言語学習からは少しズレていますが、語学学習の本質である「仲良くなるためのコミュニケーション」をスローガンに、学習法を提案しています。そして、語学を1つのカルチャーとして楽しんでもらいたいという考え方のもと、「ゴガク」をカタカナで表記しています。そんな思いを込めた「カルチャーゴガク」は、2016年に東京の小さなアパートの一室で、教室としてスタートしました。

話は少し変わりますが、自分たちの国もアジアの一部なのに、日本人の多くが、アジア人という感覚があまりないように思いますが、いかがでしょう？ そう考える理由に、ある言葉の存在があります。そのキーワードは、日本と台湾、そして

アジアとの違いを表せる言葉のひとつだとも思います。それは、生活の基本を表す「衣食住」という言葉です。日本では、「衣食住」ですが、台湾をはじめ中華圏では「衣食住行」という言葉になります。この「行」は、「交通や移動、変化」という意味ですが、僕は「変化に対する適応」だと解釈しています。

日本では、「お変わりないですか？」、「お元気ですか？」という挨拶するように、できる限り変化しないことが、良いとされています。ですが、台湾や中華圏ではむしろ日々変わっていくことこそが、世の常であり、この世にいる以上、自分自身も変化し、適応させられるかが大事だと考えています。

もう1つ、台湾人の使う口癖で「差不多（だいたい）」という言葉があります。"適当"と、ネガティブな意味で捉えるのではなく、「だいたい」な状態でもいいから、進みながら対応／アップデートしていくのが、台湾人の特徴で得意なのだと思います。

一方、日本人は、ズレのない枠組みやルールをしっかり作ってから、

順応していくのがむしろ得意でしょう。これは、言語学習に対しても同じことが言えます。日本人は語学というとどうしてもズレを恐れ、完璧を求めがちで、挫折してしまうことをよく耳にします。

僕はこれまで、留学の経験もなく、台湾に行きながら、台湾人の話す言葉を真似するように覚えてきました。日々の台湾人とのリアルなコミュニケーションの中で、気づきや失敗をもとに、少しずつアップデートして今に至ります。だから僕も、語学はまだまだ道半ば、"差不多"なのです。 ですが、台湾人と仲良くなれる、「心」を掴むゴガクのノウハウは身につけていると自負しています。

大きな変化が日常的に起こっていく時代、自分たちに必要なのは、完璧な語学ではなく、人と仲良くなれる「ゴガク」ではないでしょうか?

だからみなさんも、"差不多"な気持ちで、カルチャーゴガクを始めていきましょう。

目次

**本書における
言語の名称について**

本書では中華圏で使われる言語を「華語」とし、中国で使われる華語を中国語と表記、また、台湾で使われる華語を台湾華語としています。

**台湾語の表記
について**

本書は台湾華語の発音がベースですが、一部の単語やフレーズで台湾語で発音する方が頻度が高いものに関しては、カタカナで表記してあります。

例文について

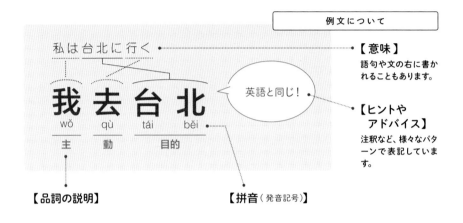

私は台北に行く

我 去 台 北
wǒ qù tái běi
主 動 目的

英語と同じ！

【意味】
語句や文の右に書かれることもあります。

【ヒントや
アドバイス】
注釈など、様々なパターンで表記しています。

【品詞の説明】

【拼音（発音記号）】

本書の登場キャラクター

ゴガクの女神

本書表紙では、朝ごはんの注文で緊張する著者の頭上に登場。陰から応援し、ページ内でアドバイスや助言を伝えます。

著者：田中佑典

田中的 ポイント

著者が実際に現地で経験したエピソードや知っていて役に立つカルチャーゴガク情報を田中的ポイントとして紹介しています。

単語や
フレーズの音声は
こちらから！

本書の単語やフレーズなどの実際の発音は「カルチャーゴガク」の公式インスタグラムにて音声データを更新していきます。本書のページ数に沿ってわかりやすく掲載していきますので、どうぞご利用ください。

あわせて、解説番組としてポッドキャスト「カルチャーゴガク」も開設します。（インスタグラムのページにリンクを掲載します）上記QRコードから、インスタグラムもフォローと活用の上、是非本書を存分にお楽しみください。

* 本書の情報は2023年9月現在のものです。
* 本書は田中式台湾華語を使ったコミュニケーション術を紹介しています。従来の語学書とは異なり、あくまで著者の経験や通って掴んだ知識によるもので、正式な文法や完全な表現と異なる場合が中にはある可能性がありますが、台湾人による校閲は入れております。その認識を持っていただいた上で、本書を活用ください。

初めまして、生活藝人の田中です。

僕は 2011 年頃から、台湾と日本を行き来し始め、カルチャーマガジン『LIP 離譜』の刊行をはじめ、両国間のイベントの企画やコーディネートをしながら、"台日系カルチャー"を標榜し、活動をしてきました。

そんな僕が発行している雑誌『離譜』は、台湾の言葉で「ありえない」という意味があります。"譜面を離れる"と書くこの言葉を、僕はもう少し広い意味で「逸脱する / ズレる」と解釈しています。どんな物事も逸脱から始まり、やがて文化として、世の中に根付いていくと考えこの名前を付けました。

僕は子どもの頃からアジアが好きでした。別に、特定の国や地域を思っていたわけではなく、なぜかアジアの一員にも関わらず、日本にはない"アジア感"に憧れがありました。"雑多な街の小さな食堂で、馴染みの店員にさらっと注文し、ガソリンの匂いに包まれながらチャーハンを思いっきり頬張る"。そんな、どこか映画の 1 シーンのようなアジア的な景色に、猛烈に憧れを持っていたのです。

そして、通い始めて10年以上の間に培った、さまざまな台湾でのゴガク体験を、この 1 冊にまとめました。本書が、台湾とあなたの良き出会いの一助になれば大変嬉しく思います。

さあ、ニーハオのその先へぜひ。楽しみながらカルチャーゴガクをやっていきましょう。

Yusuke Tanaka

田 中 佑 典

第一章

ゴガクを知る

台湾華語の基礎

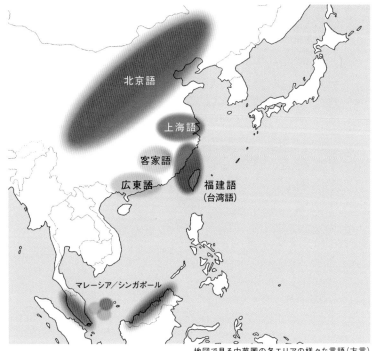

台湾華語の正体

まずは「華語」とは一体どのような言語か、そして台湾人が話す台湾華語は
何語なのかについてをお話しします。日本人以上に言語に対して敏感な台湾人。
その理由はなぜか？　しっかり理解してカルチャーゴガクの準備をしましょう。

♯ 華語ってグラデーション

英語に次いでネイティブスピーカーの多い「華語」。一般的には「中国語」と
言われますが、それは、国としての「中国」ではなく、広大な「中華圏」の
言葉。言うなれば『中華語』とも言えます。そんな、国境では線引きでき
ない、重なり合うグラデーションのような言語が「華語」です。また、それ
ぞれのエリアによって異なる方言があり、「華語」とはエリアや国を跨いで
使用できる、共用語なのです。

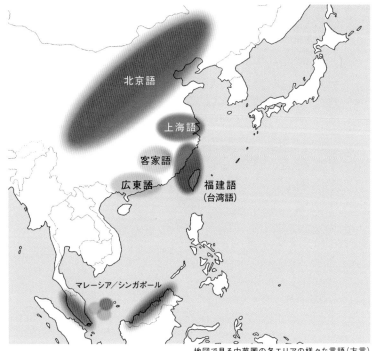

地図で見る中華圏の各エリアの様々な言語（方言）

華語って北京語？
広東語や台湾語と何が違うの？

広大な面積を誇る中華圏で、それぞれエリアごとに言語や方言が存在しています。その中で最も多い漢民族が「華語」を使用していることから共通言語として「華語」を習得すれば、どのエリアの中華系の人ともコミュニケーションが可能です。

台湾では戦後に
華語の教育が始まり、
現在は公用語になっています。

戦前台湾には原住民以外に、中国大陸の各地からの移民がいました。台湾からほど近い福建省の南部「閩南」の人たちが多く移り住み、彼らの話す「閩南語」が台湾で独自の進化をして「台湾語」が広く使われるようになりました。その後、戦時中の日本語教育を経て、戦後は中国大陸の国民党やその家族である外省人から華語が持ち込まれ、以降中華民国の公用語として華語の教育がスタートしました。そのため、中国で話されている華語（中国語）と台湾華語は同じとも言えますが、発音や一部の表現に違いがあります。

シンガポールやマレーシアなど
東南アジアの華人たちも
華語を日常的に使っています。

華語を話す＝中国人（中華人民共和国の国民）と考えるのではなく、華語が母国語である華人（中華系の人たち）は、世界中に点在しています。特に、東南アジアのシンガポールやマレーシアでは華人の割合が多く、台湾人と同じく、発音や一部の表現は違うものの、華語で意思疎通ができます。

旅のようにゴガクも準備を

沖縄からも近く、海外のようで、どこか日本に近い感覚もある魅力的な台湾。僕自身も「半分日本、半分アジア」のような台湾に心惹かれました。僕の行き始めた2010年頃からの変化が著しい台湾。まずは、台湾の昨今の基本情報を旅の準備をするように確認しておきましょう。

主要都市

（第1の都市）
台北市
と
（第2の都市）
高雄市

昨今では、台中市が高雄市の人口を抜き、台中が第二の都市とも言われています。

人口

2,326 万人

（2022年）参照：中華民國行政院 全球資訊網

首都は台北市ですが、人口の最も多い都市は台北市を囲むように位置する新北市（New Taipei City）。

面積

36,197 ㎢

台湾本島は日本の九州とほとんど同じ大きさ。

参照：中華民國行政院 全球資訊網

言語

（公用語）
台湾華語
台湾語
客家語

台湾では、台湾華語を中華民国の公用語として「国語」と呼びます。中国大陸で使用する華語とは発音や語彙、言い回しに違いはありますが、意思疎通は可能なレベル。文字は繁体字を使います。

日本との距離

約 **111** km

日本の最西端・沖縄県与那国島から約111kmの場所に位置する（東京ー静岡感とほぼ同じ）。時差は1時間で、東京ー台北間は飛行機で3時間弱。

地図上の地名：
馬祖列島　東引
連江
莒光
金門
台北市
新竹市
台中市
花蓮市
台湾
澎湖諸島
望安
七美
嘉義市
台南市
台東市
高雄市
緑島
小琉球
蘭嶼

産業

IT 産業

コンピュータ大国と言われてきた台湾。IT産業において60品目で世界生産高の半分を占めることもあったそうです。

GDP（2022年）

ひとりあたり **32,756** ドル

参照：中華民國行政院 全球資訊網

天気

沖縄の南方、年中温帯のイメージの強い台湾ですが、台北を中心とした北部は12月〜2月にかけて雨も多く「濕冷」と言われるジメジメと寒い日が続きます。気温は10数度くらいですが、体感的には割と寒い。一方南部の高雄や台南は、日本の初秋頃の感じです。7月〜9月頃は台風が発生するので注意が必要。

宗教

仏教
道教
キリスト教 など

中華民国憲法により宗教の自由が認められています。

通貨

ニュー台湾ドル（TWD）
1元 = 約4.6円

（2023年9月現在）

表記する際は、「元（ユエン）」と書きますが、口語の場合は「塊（クワイ）」と呼ぶことが多いです。

例）「100元」→口語では、「一百塊（イーバイクワイ）」

※同じ「元」でも、「中国元（RMB）」とは別物

＃ 台湾で使われている言葉は 一体何語なの？

日本では、「台湾語」が公用語として間違われがちです。国名とリンクして認識してしまうため、中国は中国語、台湾は台湾語と思うのも仕方ありません。ここでは、台湾の公用語を始め、台湾で使われる台湾語やそれ以外の言語についても紹介します。

台湾で使われている一般的な言語	
公用語	台湾華語（台湾で使われる華語）
台湾の表記	國語　中文

中国人が話す華語（中国語）と、台湾華語との3つの違い

❶ 漢字の違い

字体

┣ 中国／シンガポール
　簡体字

┗ 台湾／香港
　繁体字

発音記号

┣ 中国 **拼音**
　ピンイン

┗ 台湾 **注音**
　チューイン

nǐ　　hǎo ……… 拼音
你　好
ㄋㄧˇ　ㄏㄠˇ ……… 注音

簡体字と繁体字の表記の例

簡体字	繁體字	日本漢字
发	發	発
丰	豐	豊
广	廣	広
团	團	団
归	歸	帰

37文字からなる注音。先頭の4文字「ㄅㄆㄇㄈ」からボポモフォとも呼ばれます。

❷ 発音の違い

一番特徴的な違いは、華語独特のそり舌音。中国でも北に行けばい
くほどそり舌音が強くなり、中国の南部に行けば弱くなっていきます。
台湾では弱め、もしくはほとんどありません。

❸ 一部の単語／表現の違い

発音と同じく、一部の単語や表現にも違いがあ
ります。基本的には通じますが、どちらを使う
かで、相手との心の距離は変わってきます。イ
メージとしてはアメリカ英語とイギリス英語、韓
国と北朝鮮の朝鮮語との違いと同じです。

（中国） **早 上 好**

おはよう

（台湾） **早　　安**

田中的　　　ポイント

カルチャーゴガクでは、
日本人目線のハイブリッド方法、
「ピンインを使って台湾なまりの中国語」を覚えます。

本来台湾華語を覚えるには、発音記号も「注音」で覚えるべきです。ですがカ
ルチャーゴガクでは日本での学習環境（PCのキーボードも注音表記がないなど）
の中で日本人に親しみやすく／すぐに学べる／分かる「拼音」を使いながらも
台湾ネイティブななまりのコツ、台湾ならではの表現を覚えていきます。

＃公用語以外に台湾で使われる言語

そのほか台湾で使われる言語		
言　語	★台湾語	★客家話	★原住民語
台湾の表記	台語 （一般的な表記）	客家話 （客家は"ハッカ"と発音）	原住民族語 （族語）

★ 台湾語

歴 史

台湾は、17～19世紀にかけて福建省からの移り住んだ人たちが多く、福建省南部で話されている「閩南語」が派生し台湾では「台湾語」として広まりました。

台湾語と、台湾華語は違うもの

中国大陸の華語（中国語）と台湾華語（台湾人が話す中国語）は、意思疎通は可能ですが、台湾語の場合は大きく違いがあります。また、台湾人全員が話せるわけではなく、家系が外省人だったり、祖父母と一緒に暮らしていない都心部の若者などは、"聞き取れるけど話せない"というような人も。一方で、南部に行くと年配の方たちを中心に、戦前からすでに台湾に移り住んでいた人が多く、台湾華語は話せず台湾語がメインという人もよく出会います。

敢えて台湾語を話す人が増えている!?

もともと口語的な言語のため、基本は家庭で話されて広まってきた台湾語。ただ近年は、政府や民間でも自国の言葉を大事にしようと「台湾語教育」に力を入れている傾向があり、テレビ番組でも台湾語を紹介するバラエティ番組なども多く見かけます。若者でも華語の会話の中に台湾語をミックスしたりする人も。

客家人とはどんな人たち？

漢民族の一派の客家人。独自の伝統、生活様式、言葉を持ち、明朝末期から清朝初期にかけて多くの客家人が台湾に渡ったと言われています。

地下鉄のアナウンスに注目！

台湾の人口の約20%が客家人。そのため、TVでも客家の専門チャンネルもあります。注目したいのは台湾の地下鉄のアナウンス。華語→台湾語→客家語→英語の順に流れますので是非ほかの言語との違いを比べてみてほしい。

★ 客家語

客家料理は日本人好み

台湾でも客家の人たちが多く住んでいるエリアを中心に「客家料理」が台湾で広く親しまれています。特徴としては味付けが濃く、塩味が強くおつまみとして日本人にも愛されています。歴史的に移住の多かったことから漬物や乾物などの保存食が多め。

★ 原住民語

原住民とはどんな人たち？

16世紀以降の台湾では、2%が原住民と言われています。主に中央の高山地帯から東側の山地に暮らす民族、そのほか平地に暮らす民族もいました。

民族ごとにそれぞれの言語

台湾には、16の原住民族が存在し、それぞれに言語を持っています。最も多い阿美族（アミ族）をはじめ、排灣族（パイワン族）、泰雅族（タイヤル族）など多様な文化、風習があります。

原住民族 居住地域図

♯台湾華語3つのメリット

華語の学習といえば、一般的には、中国大陸の中国語。まだ、何も知らなかった勉強し始めの僕も御多分に洩れず、中国語の勉強をスタート。しかし、慣れない簡体字やそり舌音に挫折しかけました。その後、台湾に行き始め、台湾人が話す華語は聞きやすいことを発見！　そこで、台湾華語を学ぶ、メリットを紹介します。

発音は日本語のカタカナに似ていて、聞きやすい、発音しやすい。

発音が難しいとされている華語ですが、日本で教えられている華語のほとんどは中国大陸（北方）の発音で、日本語にはないそり舌音などハードルが高く感じられます。 台湾華語はそり舌発音も強くなく、日本語のカタカナの発音に似ていて比較的発音がしやすいため、日本人でも話しやすいです。 カルチャーゴガクでは発音記号は拼音（ピンイン）で覚えていきますが、台湾なまりにするコツをお伝えします。

漢字が日本の旧字体と近いので、見やすい、覚えやすい。

使用される漢字も、中国大陸と異なります。 中国では簡体字といわれる簡略化された文字に対して、台湾（香港も）では、繁体字という日本の旧字体が使われています。また、最初に繁体字を覚えておいて、必要であれば、簡体字への置き換えも適所で覚えておけば、中国大陸でも対応できます。ただ画数の多い繁体字は、いざ書けと言われたら手が止まってしまうほど。基本的に書く機会より、見たり、PCで入力することの方が多いので、その点では繁体字の方が見やすく、覚えやすいと思います。

台湾華語は、台湾はもちろん、香港や東南アジアでウケが良い。

中華圏の範囲は広く、中国大陸、台湾、香港、そして東南アジアで華語は広く使われています。 地域によって、方言や発音の違いなどはありますが、台湾なまりだろうと、中国大陸や各地でコミュニケーションは基本可能です。台湾では、台湾華語を話すと喜ばれるのはもちろん、香港や東南アジアでは自分たちの話す華語にも、なまりが似ている台湾華語は、ウケが良いというメリットがあります。

台湾華語の３本柱

いよいよ「華語」を話すための、基礎となる3つの柱のお伝えします。 何度でも
繰り返しトレーニングすることで、間違いなく発音は抜群に良くなります。できる
だけわかりやすく、 田中オリジナル勉強法をご紹介します！

♯ 華語の骨となる６つの 母音

扉が開いた華語の世界。基本はこの 6 つの音です。日本語の「あいうえ
お」と同じように、全ての言葉の骨になる母音は、華語も同じ。母音に子
音がくっついて一つの音になります。最初はこの 6 つの音を繰り返し、少し
大げさくらいに発音練習することが大事です。どんなことでも基礎練習は
後々効いてくるもの。長文の会話になればなるほど、骨が脆い発音では差
が出てしまいます。 当時の僕もよく、トイレやお風呂などの隙間時間を見つ
けて、練習していました。

●華語の音は 子音 ＋ 母音 の組み合わせで出来ています。

```
      母音          母音（複母音）
  子音   子音
   nǐ      hǎo
   你      好
   ニイ      ハオ
```

※一部の音には、
子音を組み合わせない
母音のみのものもあります。

例）喔 啊
　　o　a

田中的 ポイント

**PC やスマートフォンで
華語を入力してみよう。**

さっそく華語を入力できるように PC
やスマートフォンのキーボード設定か
ら、追加しよう。

スマートフォンの場合
① 繁体中国語を選択
②「拼音 - QWERTY」を選択

単母音	a	o	e	i	u	ü

a
日本語の「ア」よりも
大きい口で「アー」と発音します

o
日本語の「オ」よりも
口に力を入れて丸めて
前に突き出す感じで発音します

e
口に半開きにして
のどの奥の方から「オ」と
発音します

i
日本語の「イ」よりも
口を横にしっかりと引いて
「イー」と発音します

u
日本語の「ウ」よりも
口をすぼめて前に突き出し
「ウー」と発音します

ü
口笛を吹く口の形で
「ユ」と「イ」を合わせた音を
発音します

※『ü』を PC で入力する際は「V」を打ちましょう

田中的 ポイント

口が筋肉痛にならなかったら、それ注意！

華語の発音では、普段日本語では使わない口の中の筋肉を使います。そもそも日本語は、口の中というよりは、胸の上部あたりを響かせて発音します。口を大きく開けなくても話すことができます。一方、華語は口の中や舌を、日本語以上に動かして発音するため、我々が普段使っていない「華語の筋肉」を育てないといけません。華語の発音って何となく怒っているように聞こえるのは、そのせいでもあります。もし母音の練習をしていて、筋肉痛にならなければ、勝手に頭の中で日本語に変換して、発音をしているだけかもしれません。

♯ より発音に差が出る 複母音

単母音以上に発音に差が出始めるのが「複母音」。原因は、聞こえた音を日本語の音に、頭で勝手に変換してしまうから。複母音は2つ、そして最大3つに母音が組み合わされます。最初は口がついていかないかもしれないので、ゆっくりと正確に発音して練習しましょう。

6つの母音が組み合わさった複母音

複母音	ai	ei	ao	ou	ia	ie

ua	uo	üe

iao	iou	uai	uei
	(iu)		(ui)

CHECK❶ 母音をしっかり発音すると、めっちゃ綺麗な発音になります。

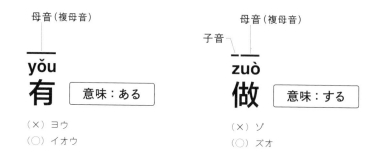

母音（複母音）

yǒu

有　意味：ある

（×）ヨウ
（○）イオウ

子音　母音（複母音）

zuò

做　意味：する

（×）ゾ
（○）ズオ

CHECK② イレギュラーの発音をチェック！

例） **ie** イエ 　複母音の「e」は日本語の
「エー」に近い発音になります。

例） **n** (子音) **+ iou = niu**
d (子音) **+ uei = dui**
　複母音の「uei」「iou」は、
子音が前に付くと
真ん中の文字「e」や「o」が
表記として省略されます。

CHECK③ 子音のつかない母音単独の場合は、表記（PC入力など）が変わります。

u → wu	ua → wa	uo → wo	uei → wei
i → yi	ia → ya	ie → ye	iao → yao
ü → yu	ue → yue		iao → yao

┌─ 田中的ポイント ─

母音（複母音）
　　　┌─┐
子音 ┌┘　└┐
xiè **xie**
謝 **謝**
シィエ　シィエ

**謝謝は"シェイシェイ"ではなく、
"シィエシィエ"だった…！**

日本人ってすぐにわかる言葉 NO.1

「謝」という字の母音は「ie」、
つまり「イエ」と発音するのが正しい発音！

＃ 鼻母音 は割とアバウト、割り切って！

日本語にも実はある「鼻母音」。華語では、母音に対して「n」か「ng」がつくものを指します。よく喩えられるのは、「案内」と「案外」。案内の方は「n」で発音した後に、舌が前歯の後ろについています。「案外」は舌が浮いた状態で、これが「ng」の方。ただ、台湾人でも「n」か「ng」か結構アバウトなので、あまり難しく考えないで！

nとng、鼻音は2種類

鼻母音

+n		+ng		
an	en	ang	eng	ong
ian	in	iang	ing	iong
uan	uen	uang	ueng	
üan	ün			

CHECK❶ 舌の位置をチェック。迷ったら適当でも大丈夫。

an —— ang

「案内」「案外」と意識し
比べながら、発音してみよう。

in —— ing

uan —— uang

CHECK❷ 　イレギュラー発音、特に「ian」は特によく出る発音。

en

日本語で「エン」と発音。そのため、「eng」との発音の違いは気にしなくて大丈夫。

uen

日本語で「ウエン」と発音。そのため、「ueng」との発音の違いは気にしなくて大丈夫。

ian

日本語で「イエン」と発音。一方「iang」は、「イアン」なので違いは一目瞭然。

üan

日本語で「ユエン」と発音。ü の表記は「yu」。「yuan」と書くと「ユアン」と言いたくなるので、要注意。

田中的 ポイント

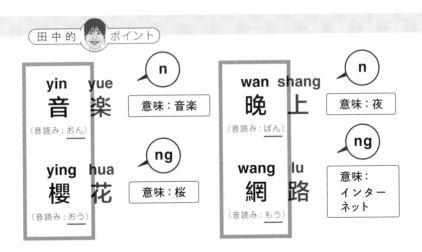

「n」か「ng」かを、見分ける方法

金魚 jīn yú（金魚）と鯨 jīng yú（鯨魚）、発音すると「ジンユ」。
どっちが「n」か「ng」なのかの見分け方は、その漢字の日本語音読みにして「ん」がつけば「n」、つかなければ「ng」。大体はその傾向があるので、もし迷った場合は、日本語音読みにしてみましょう！

♯ パターンを掴めば難しくない 子音

6つの母音に組み合わさるのは21種類の子音。数だけ見るといきなり増えて億劫になるかもしれませんが、ほとんどはローマ字読みと同じ。気をつけなければいけないところを重点的に覚えればそこまで難しくありません。

母音と組み合わせる子音は21種類

1	2	3	4	5	6	7	8	9	10	11
b	p	m	f	d	t	n	l	g	k	h

12	13	14	15	16	17	18	19	20	21
j	q	x	zh	ch	sh	r	z	c	s

子音の発音は母音をつけると、もっとわかりやすい。

bo	po	mo	fo	de	te	ne	le	ge	ke	he

ji	qi	xi	zhi	chi	shi	ri	zi	ci	si

CHECK① 無気音（濁音）と有気音（半濁音）の違いを理解すると発音が綺麗になります。

※正しく発音できるかは、口の下に手の甲を置いて発音してみてチェック。
　空気が出ないのが無気音、出たら有気音。

ba – pa　dao – tao　gua – kua
無気音　有気音　無気音　有気音　無気音　有気音

無気音	b	d	g	j	zh	z
有気音	p	t	k	q	ch	c

CHECK❷ 発音が、わかりづらい赤枠の部分をパターン化させて
強化的に覚えよう！

ji	qi	xi	zhi	chi	shi	ri	zi	ci	si

日本語のサ、タ行を言いながら、口の形を変えてみましょう。
それだけでこれらの発音が飛躍的に上達します。

例） 母音「i」と組み合わせた場合

日本語の発音 ×	口の形	「ざ」行	「た」行	「さ」行
各行の 2段	× 「i」	ji	qi	xi
	× 下の歯だけ 出す	zhi	chi	shi
3段 ×	「i」	zi	ci	si

例） 母音「u」と組み合わせた場合

日本語の発音 ×	口の形	「ざ」行	「た」行	「さ」行
各行の 2段	× 「ü」※	ju	qu	xu
	× 下の歯だけ 出す	zhu	chu	shu
3段 ×	「u」	zu	cu	su

※気をつけよう！

子音の「j/q/x」+u は、ü の発音しかありません。
また、「n/l」+u には、u と ü 両方の発音がありますので注意しましょう。

23

CHECK❸ 「h」これがそり舌音の正体！

zhi | chi | shi

「h」は日本語のハではなく、喉の奥から息を出すイメージで空気が出る音。これがそり舌音の正体。

この「h」の発音のコツは下の歯茎を出すようにすることで舌が勝手に巻かれます。「zh/ch/sh」の発音で、空気が漏れて音が濁ればOK！

→ CHECK❷で詳しく説明しています

口の形

CHECK❹ 「r」の発音、コツを掴めば難しくない

r

日本人にとって大事な発音なのに難しくて手こずる「r」。

何てったって「日本人」の「日」はri。

コツは「zh/ch/sh」の発音の口と同様に、下の歯茎だけを見せながら、カタカナの「リ」を発音すれば大丈夫。

田中的 ポイント

意外に簡単！　台湾なまりは「h抜き」で出来ます。

CHECK❸で説明した通り、「h」の発音が華語のそり舌音の正体。一方、台湾華語では、そり舌音が限りなく軽くなったり、なくなるため、「h」の発音を抜けば、になるのです。

好 吃
hao chi　c(h)i　ci
→
ハオツー

我 是
wo shi　s(h)i　si
→
ウォスー

♯ 声調 なしに、華語の成長はありません

mā	má	mǎ	mà	ma
媽	麻	馬	罵	嗎

華語の3本柱の1つであり、最大の壁である「声調」。同じ発音でも声調が変わるだけで意味が変わってしまいます。そして、言葉の意味ごとにパターンがあるわけでもないのが手強いです！　田中自身もいまだに悪戦苦闘しながら覚えましょう。そのための田中式オリジナル勉強法も大公開！

一声

ドレミファソの「ソー」を伸ばすように

自分の頭の上くらいに音が出ているイメージ。高い音で始めて、音は長めに大きくキープします。

二声

驚いたときの「えぇー!?」のイメージで

子音＋母音のまま、ぐっと音を上げるのではなく、子音＋母音を発音したら、母音だけでゆっくり高音にあげる。

三声

がっかりして「あぁ」を想像して

声調の記号を見ると、"一回下がってまた上がる"となっていますが、それは気にせず「あぁ､､､」とため息をするイメージで発音します。他の声調に比べて、「小さく低音」という地味な発音を心がけてください。

四声

「まぁ、大変」の「まぁ」のように

高音から一気に急降下します。音は短く大きめ。急いで発音すると、中途半端な高さになってしまうのが4声の最も失敗する理由。練習のコツはしっかり手前で（一呼吸するくらいのイメージで）急がず間をあけて発音しましょう。イメージは、ジェットコースターの急降下前の登っていくあの感じです。

軽声

文字通り、軽〜く添える音

1声〜4声にも当てはまらない、文字通り短くソッと添えるイメージで発音します。音の高さは日本語の力を抜いた返事「んっ」に近いです。ただし一点だけ疑問詞の「嗎?」は1声と同じ高さで「マッ?」と短く発音します。

＃ 田中式勉強法『４×４（ヨンカケヨン）』で自分に必要な単語を、効率的に覚えましょう。

単語のほとんどが２文字以上、つまり、組み合わせた声調の練習をした方が効率的！

華語の声調は、意味や単語のジャンルによる法則性は特になく、それぞれの漢字ごとに決まっています。毎回「この漢字は何声だから…」と考えてから発音していては会話になりません。自分がよく使う単語から覚えて、自然に発音できる言葉を増やしていくしかありません。人称代名詞や一部の動詞を除き、華語の単語はほとんどが２音。つまり、一つ一つの文字の声調を覚えるより、単語ごとに声調の組み合わせで覚えていく方が効率的！　１つの文字に対して４つの声調だから、『４×４』の16パターンでグループ分けして覚えていく、この勉強法を「ヨンカケヨン」と名付けました。これは、自分の必要な単語だけを覚え、語彙力を増やしながら声調も身につける勉強法なのです。

STEP ❶　同じリズムでまとめたオリジナルの単語帳、「ヨンカケヨンノート」を作ろう。

残念ながら華語の声調は、単語や意味合いによっての法則性がないため、それぞれ個別で覚えていかないといけません。これまでの参考書や単語帳では、シチュエーションや意味合いでグループ分けがされていましたが、そこから自分が必要な単語帳を抜き取って、16の声調パターンでグループ分けされたオリジナル単語帳、「ヨンカケヨンノート」を作りましょう。

STEP ❷　16グループ、それぞれに軸足となる単語を決めて、それを基準に、正確な声調を練習しよう！

単語を集めていくと、次第にそれぞれのグループの中で綺麗に発音できる単語が一つはできます。それを、そのグループの軸足（リーダー）にして、追加していきましょう。新しい単語や、リズムが不安な単語の練習は、その軸足の言葉に合わせて発音すれば間違いが少なくなります。

STEP ❸　仕上げは、AI勉〜♪

練習した単語の発音チェックは、スマートフォンなどのAI機能を使って正確に通じるか確認しよう。名付けて「AI勉」！　正確に通じた単語は、ノートでチェックして、自分に必要な華語だけを効率的に覚えていきましょう。

ヨンカケヨン、全16パターンの特徴

同じ2文字同士でも、声調の組み合わせによって音の長さと大きさ、音と音の間をおくかのなどが違います。全てはこの16個のパターンのどれかと考えるとあなたにも声調の成長の道が見えきます。

1声 + 1声

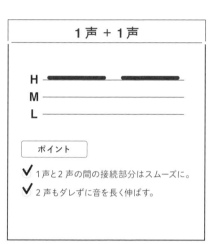

ポイント

✔ 1声と2声の間の接続部分はスムーズに。

✔ 2声もダレずに音を長く伸ばす。

1声 + 2声

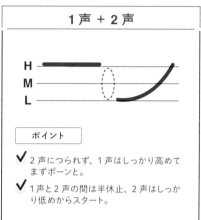

ポイント

✔ 2声につられず、1声はしっかり高めてまずポーンと。

✔ 1声と2声の間は半休止、2声はしっかり低めからスタート。

1声 + 3声

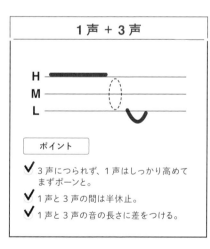

ポイント

✔ 3声につられず、1声はしっかり高めてまずポーンと。

✔ 1声と3声の間は半休止。

✔ 1声と3声の音の長さに差をつける。

1声 + 4声

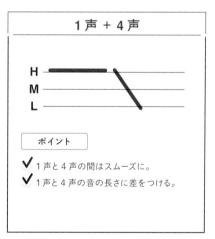

ポイント

✔ 1声と4声の間はスムーズに。

✔ 1声と4声の音の長さに差をつける。

2声 + 1声

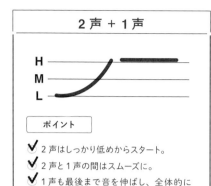

ポイント

✓ 2声はしっかり低めからスタート。

✓ 2声と1声の間はスムーズに。

✓ 1声も最後まで音を伸ばし、全体的に長めに発音します。

2声 + 2声

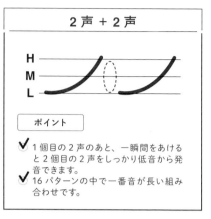

ポイント

✓ 1個目の2声のあと、一瞬間をあけると2個目の2声をしっかり低音から発音できます。

✓ 16パターンの中で一番音が長い組み合わせです。

2声 + 3声

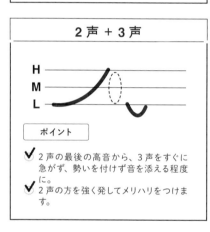

ポイント

✓ 2声の最後の高音から、3声をすぐに急がず、勢いを付けず音を添える程度に。

✓ 2声の方を強く発してメリハリをつけます。

2声 + 4声

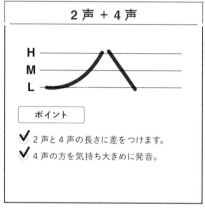

ポイント

✓ 2声と4声の長さに差をつけます。

✓ 4声の方を気持ち大きめに発音。

3声 + 1声

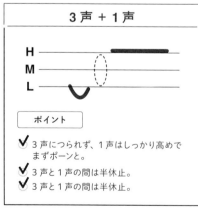

ポイント

✓ 3声につられず、1声はしっかり高めでまずポーンと。

✓ 3声と1声の間は半休止。

✓ 3声と1声の間は半休止。

3声 + 2声

ポイント

✓ 3声と、2声の間はスムーズに早く。

3声 + 3声

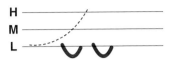

ポイント

✔ 3声と3声の組み合わせの場合は、最初の3声が2声に変化します。つまり「2×3」のパターンと同じ声調になります。

3声 + 4声

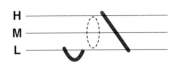

ポイント

✔ 4声の方を大きく。

✔ 3声と4声の間を半休止し、しっかり上まで上がって4声を言います。

4声 + 1声

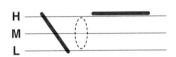

ポイント

✔ 4声と1声の間を半休止して、しっかり上から1声を出します。

4声 + 2声

ポイント

✔ 4声と2声の繋がりはスムーズに。

✔ 4声は素早く、2声はゆっくり。

4声 + 3声

ポイント

✔ 4声と3声の繋がりはスムーズに。

✔ 4声は素早く、3声は控えめに。

4声 + 4声

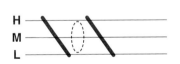

ポイント

✔ 2回目の4声を特に丁寧に発音します。

ゴガクは態度

「カルチャーゴガク」が目指すのは、「人と仲良くなるための語学」。情報の伝達をするだけの言語ではなく、その先にある、心のつながりこそが大事です。そのための大事な"3つの態度"をご紹介。

＃ 台湾の歴史を知る

台湾人がこれまでどんな歴史を経て、今、どのような考えや意識をもって暮らしているかを知ることは、とても大事なことです。
「台湾は親日で、日本語も通じるところが多い」では、どうして親日なのか、日本語が通じるところが多いのか、それを知っている、または、知ろうとするアプローチこそ、人の心を開くことになります。

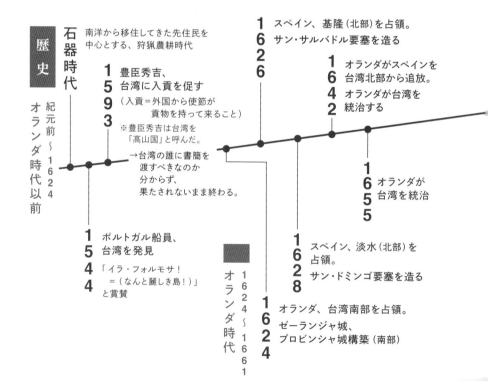

歴史

石器時代
南洋から移住してきた先住民を中心とする、狩猟農耕時代

紀元前～1624 オランダ時代以前

1593 豊臣秀吉、台湾に入貢を促す
（入貢＝外国から使節が貢物を持って来ること）
※豊臣秀吉は台湾を「高山国」と呼んだ。
→台湾の誰に書簡を渡すべきなのか分からず、果たされないまま終わる。

1544 ポルトガル船員、台湾を発見
「イラ・フォルモサ！＝（なんと麗しき島！）」と賞賛

オランダ時代 1624～1661

1624 オランダ、台湾南部を占領。ゼーランジャ城、プロビンシャ城構築（南部）

1626 スペイン、基隆（北部）を占領。サン・サルバドル要塞を造る

1642 オランダがスペインを台湾北部から追放。オランダが台湾を統治する

1628 スペイン、淡水（北部）を占領。サン・ドミンゴ要塞を造る

1655 オランダが台湾を統治

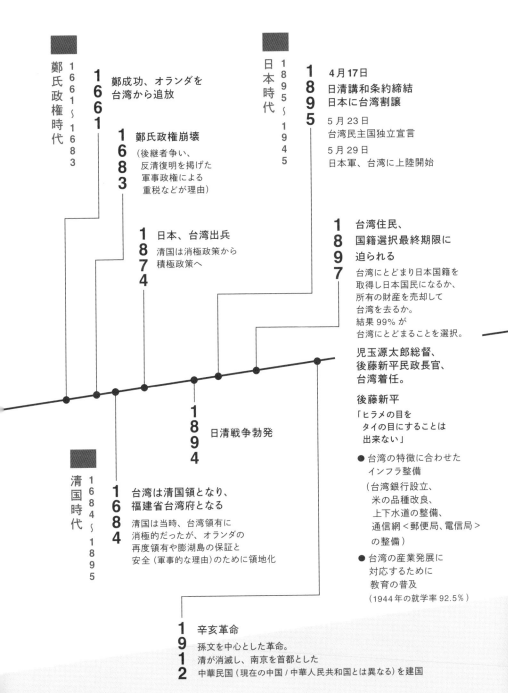

鄭氏政権時代
1661～1683

1661 鄭成功、オランダを台湾から追放

1683 鄭氏政権崩壊
（後継者争い、反清復明を掲げた軍事政権による重税などが理由）

1874 日本、台湾出兵
清国は消極政策から積極政策へ

1894 日清戦争勃発

清国時代
1684～1895

1684 台湾は清国領となり、福建省台湾府となる
清国は当時、台湾領有に消極的だったが、オランダの再度領有や膨湖島の保証と安全（軍事的な理由）のために領地化

日本時代
1895～1945

1895 4月17日
日清講和条約締結
日本に台湾割譲

5月23日
台湾民主国独立宣言

5月29日
日本軍、台湾に上陸開始

1897 台湾住民、国籍選択最終期限に迫られる
台湾にとどまり日本国籍を取得し日本国民になるか、所有の財産を売却して台湾を去るか。
結果99％が台湾にとどまることを選択。

児玉源太郎総督、後藤新平民政長官、台湾着任。

後藤新平
「ヒラメの目をタイの目にすることは出来ない」

● 台湾の特徴に合わせたインフラ整備
（台湾銀行設立、米の品種改良、上下水道の整備、通信網＜郵便局、電信局＞の整備）

● 台湾の産業発展に対応するために教育の普及
（1944年の就学率92.5％）

1912 辛亥革命
孫文を中心とした革命。
清が消滅し、南京を首都とした
中華民国（現在の中国／中華人民共和国とは異なる）を建国

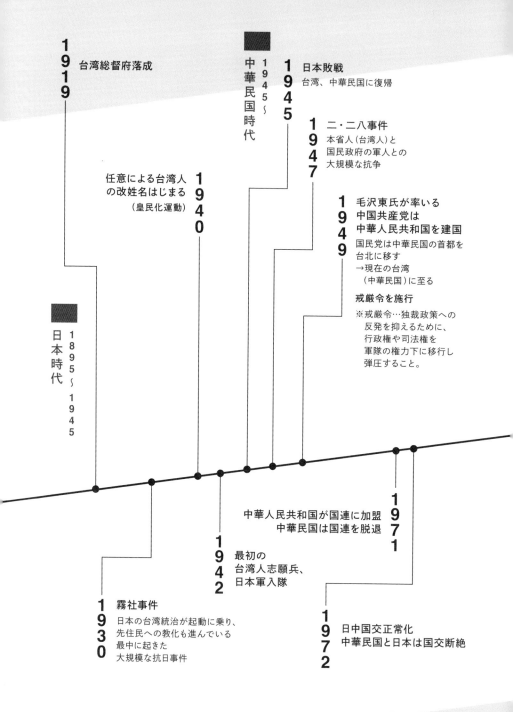

1919 台湾総督府落成

1945～ 中華民国時代

1945 日本敗戦
台湾、中華民国に復帰

1947 二・二八事件
本省人（台湾人）と
国民政府の軍人との
大規模な抗争

任意による台湾人
の改姓名はじまる
（皇民化運動） **1940**

1949 毛沢東氏が率いる
中国共産党は
中華人民共和国を建国
国民党は中華民国の首都を
台北に移す
→現在の台湾
　（中華民国）に至る

戒厳令を施行

※戒厳令…独裁政策への
　反発を抑えるために、
　行政権や司法権を
　軍隊の権力下に移行し
　弾圧すること。

1895～1945 日本時代

中華人民共和国が国連に加盟
中華民国は国連を脱退 **1971**

1942 最初の
台湾人志願兵、
日本軍入隊

1930 霧社事件
日本の台湾統治が起動に乗り、
先住民への教化も進んでいる
最中に起きた
大規模な抗日事件

1972 日中国交正常化
中華民国と日本は国交断絶

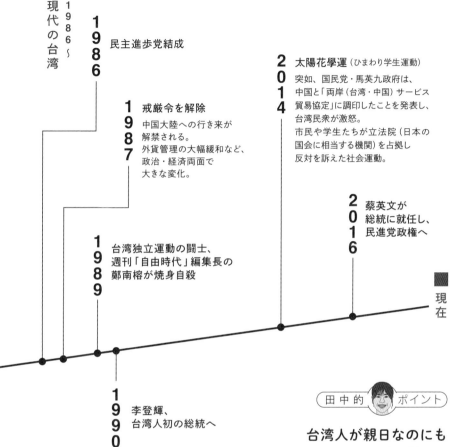

1986〜
現代の台湾

1986　民主進歩党結成

1987　戒厳令を解除
中国大陸への行き来が
解禁される。
外貨管理の大幅緩和など、
政治・経済両面で
大きな変化。

2014　太陽花學運（ひまわり学生運動）
突如、国民党・馬英九政府は、
中国と「両岸（台湾・中国）サービス
貿易協定」に調印したことを発表し、
台湾民衆が激怒。
市民や学生たちが立法院（日本の
国会に相当する機関）を占拠し
反対を訴えた社会運動。

2016　蔡英文が
総統に就任し、
民進党政権へ

1989　台湾独立運動の闘士、
週刊「自由時代」編集長の
鄭南榕が焼身自殺

現在

1990　李登輝、
台湾人初の総統へ

田中的 ポイント

台湾人が親日なのにも
ワケがある。

1945年日本が敗戦、50年の台湾統治が終わり、台湾が中華民国によって接収されました。その頃中国大陸では（蔣介石率いる国民党の）国民政府軍と毛沢東氏率いる中国共産党の内戦が激化。対日戦争に続き内戦で疲弊した国民政府軍が台湾で売の取り締まりの際不当な処理や暴行、それに対して本省人たちの不満が爆発。台湾全土に広がる「二・二八事件」が勃発しました。この事件が発端となり国民政府の民衆への弾圧・虐殺が頻繁に起きました。

「犬去りて、豚来たる」（日本人はうるさくても役に立つが、国民党はただ貪り食うだけ）という言葉は当時生まれた言葉です。この頃の国民党の統治に対して、日本統治時代はルールや統制などへの反発がある一方、日本人の技術や教育が台湾の近代化の礎となったと、好感を持っている人が比較的多いことが、今日の親日の理由として挙げられます。

「台湾は親日」と一言で片付けず、今の台日間の関係は歴史にアリと、ちょっと歴史に触れてみることもカルチャーゴガクでは大事な1つです。

＃ 台湾人を理解しましょう。

台湾人の全てではないですが、台湾人の特徴やあるあるネタを紹介します。傾向や考え方、そのほかやってはいけないタブーを知っておくことは、台湾人と仲良くなるための態度の1つです。

台湾人の
**特徴的な
行動パターン**

食事は外食が多い　**不 煮 飯**
bù　zhǔ　fàn

写真好きで、何かあれば
みんなで集合写真　**合 照**
hé　zhào

FB（臉 書）/IG

日本以上に老若男女、
SNS はあたり前。
最近は Instagram が人気

日本人では血液型だけど
星座で人柄を判断することが多い　**星 座**
xīng　zuò

スッピンで外を歩く女性も多い。
日本では礼儀としてのメイクが
あるけれど、台湾の場合はその差が
はっきりしています　**素 顔**
sù　yán

交際するとお姫様的になる
台湾女子は多いらしい　**公 主 病**
gōng　zhǔ　bìng

拖 鞋
tuō　xié

スリッパ（ビーチサンダル）で
外出します。
雨の日や寒い日も
よく見かけます

自 備 環 保 杯
zì　bèi　huán　bǎo　bēi

エコに対しての意識が高い
台湾。ドリンクスタンドも
マイボトル推奨の店が多い
（割引きあり）

行列好き。**排 隊**
新しいものや　pái　duì
限定のもの、
無料に目がない

凍 蒜
dòng　suàn

台湾語の「當選」の発音に、
中国語の漢字を当てたもの。
台湾では老若男女、
選挙への注目は高い

台湾人の **性格**

親孝行、家族思い	孝 順	xiào shùn
細かいことを気にしない	隨 便	suí biàn
仕事に対して独立心が強い	獨 立 心	dú lì xīn
恋愛上、嫉妬深い人が多い	吃 醋	chī cù

情熱的	熱 情	rè qíng
親切	親 切	qīn qiè
ストレート	直 接	zhí jiē
おしゃべり好き	愛 講 話	ài jiǎng huà
日常生活にある小さな幸せ	小 確 幸	xiǎo què xìng

三 分 鐘 熱 度
sān fēn zhōng rè dù
熱しやすく冷めやすい

台湾人の **タブー & 嫌がること**

中国人と同一化するような言動は絶対NG

台 灣 人
tái wān rén

台湾はあまり年齢を気にしない社会で、敬語もないため、年齢はあまり聞かないようにしましょう

幾 歳 ？
jǐ suì

19 / 29 /
shí jiǔ   èr shí jiǔ
39 歳…
sān shí jiǔ

昔から9の付く年齢は、災いが起きると言われているため、その年齢の誕生会などは行わないことが多いです

雨 傘
yǔ sǎn

縁起を大事にし、傘の発音が「散る」に似ているため、傘もプレゼントにはタブー。そのほか時計、靴、タオル（ハンカチ）もNG

鬼 月
guǐ yuè

鬼月は、旧暦7月の時期の一ヶ月。この時期はタブーが多く、夜に服を干したりするのは×

紅 包
hóng bāo

月 亮
yuè liàng

台湾で「月を指差すと耳を切り落とされてしまう」という迷信があり、良くないとされています

讓 座
ràng zuò

台湾の電車の優先席はたとえ人がいなくても座らないのが台湾の「優先席」

お金を白い袋に入れて渡すと、「香典」となってしまいます。お祝いごとで渡すお金は、赤い袋「紅包」。「4」も「死」と発音が近いため、金額など4がつくのはタブーとされています

♯ 台湾華語の"ノリ"に慣れる

言語には必ず、その言語ならではのノリがあり、台湾華語にも日本語とは違う「ノリ」や「距離感」があります。それは、台湾人の習慣やクセにもリンクしていて、言葉の意味だけではなく、そのノリを掴み、華語のムードに慣れていくことが、ゴガクの波に乗っていけるかの鍵です。

台湾人の「は？」や舌打ちは
気にしない！

台湾華語を勉強し始めた当時、さぁ覚えたフレーズを使ってみると「は？」と聞き返され、ビビってしまった経験がよくあります。あれは決して怒っているのではなく、単に聞き返しているだけ。また台湾人は、考えて何かを話すとき舌打ちをします。これも怒ってはいません。台湾華語のノリで次第に慣れていきましょう。

自分の脳を
「台湾華語モード」に切り替えよう

ゴガクを上達させる大事なポイントの1つに、台湾華語を話すためのムード作りがあります。その最初の一歩は、台湾華語を話す際「えーと」や「あのー」など場つなぎ音「那個 na ge ネガー」を使いましょう。いくら単語を話せても、間に「えーと」と日本語を使ってしまうと、自分の脳が日本語ワールドから一向に抜け出せません。

リアクションのモノマネは
ノリを掴む近道

台湾華語を話すムードづくりと、ノリを掴むために一番良い方法は、台湾人のリアクションをモノマネすること。リアクションは特にその言語のノリやリズムが現れやすい部分。多少何の話をしているかわからなくても、周りに合わせて聞き流しリアクションをするのが大事。無言が一番 NG。

考えるな、感じろ！
簡潔に素早い『瞬発力』

台湾人の会話を聞いていると、とってもシンプルなことに気がつきます。大事なことはそのスピード感。失敗を恐れず、さっと言える「瞬発力」を身につけましょう。

良い／悪い	很 好	不 好
	hěn hǎo	bù hǎo

OK／NG	好／OK	不 OK
	hǎo	bù

YES／NO	對／是	不對／不是
	duì shì	bù duì bù shì

できる／できない	可 以	不可以／不行
	kě yǐ	bù kě yǐ bù xíng

ある／ない	有	沒 有
	yǒu	méi yǒu

いる／いない	在	不 在
	zài	bù zài

欲しい／要らない	要	不要／不用
	yào	bú yào bú yòng

田中的 ポイント

そうなんだ〜
是 喔
shì ō

※台湾なまりを強めに「スーオ」と言うのがポイント

おう、そうか
喔 這 樣 子
ō zhè yàng zi

うん、うん
嗯 嗯
èn èn

なるほど
原 來 如 此
yuán lái rú cǐ

相手を困らせない
『聞き流す力』

ゴガクの上達として大事なことの1つとして、
会話を止めずに聞き流すこと、これも大事な力です。
最初のうちは何の会話か分からなくても
何かリアクションしておき、
できる限り、華語のシャワーを浴びましょう。

これならいけるぞ！
気楽に覚える台湾華語

華語に触れてもう10年以上になりますが、いつになっても、まだまだな感じがします。けれど、それが言語の世界、だから、あまり難しく考えすぎずに、できる限り気楽にやっていきましょう。

♯ 何となく会話ができちゃう、魔法の**10**ワード

文法がまだ分からなくても、まずはこの10個の言葉を覚えてみましょう。
言語は口からだけのものではない、身振り手ぶり、ジェスチャー、指差し、体全体で表現すれば意外とこれだけで生活できちゃうものです。

1	嗨 hāi	こんにちは！ どんな時間、シチュエーションでも使える挨拶	6	什麼 shén me	何？／え？ 「何か」を聞きたいときは指差しで。何か聞かれたとき「え?」の意味でも
2	要 yào	要ります 欲しい時は指を指してこれを一言	7	讚 zàn	いいね！ 褒めるときはなんでもこれで
3	可以嗎? kě yǐ ma	できますか？良いですか？ できるかどうか、許可をもらいたい時にジェスチャー付きでこの言葉	8	謝謝喔 xiè xie wò	ありがとうね！ ありがとうございます〜 感謝を伝える場合、「謝謝」よりも柔らかいニュアンスになる万能語
4	對 or dui 不是(不對) bú shì　bú duì	はい／いいえ YES or NO	9	不會 bú huì	いいえ （どういたしまして） 感謝を伝えられたらこの言葉で返す
5	好 hǎo	わかりました OK	10	是喔 shì wō	そうなんですね 何か言われた時の聞き流しの方法。使いすぎは注意

＃ 数字 が言えると、景色が変わります！

どんな時でも、何かと大事になってくるのが数字です。数字が言えると、なんだか華語が格段に上手くなった気分になります。そして、見る景色まで変わります。基本となる 0 〜 10 の発音と暗記方法に加え、それ以上の桁を紹介します。

CHECK①　　まずは基本の 0 〜 10

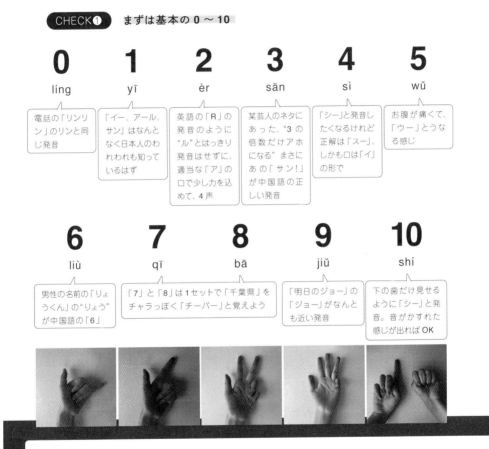

0
líng

電話の「リンリン」のリンと同じ発音

1
yī

「イー、アール、サン」はなんとなく日本人のわれわれも知っているはず

2
èr

英語の「R」の発音のように"ル"とはっきり発音せずに、適当な「ア」の口で少し力を込めて、4声

3
sān

某芸人のネタにあった、"3の倍数だけアホになる" まさにあの「サン！」が中国語の正しい発音

4
sì

「シー」と発音したくなるけれど正解は「スー」、しかも口は「イ」の形で

5
wǔ

お腹が痛くて、「ウー」とうなる感じ

6
liù

男性の名前の「りょうくん」の「りょう」が中国語の「6」

7
qī

「7」と「8」は1セットで「千葉県」をチャラっぽく「チーバー」と覚えよう

8
bā

9
jiǔ

「明日のジョー」の「ジョー」がなんとも近い発音

10
shí

下の歯だけ見せるように「シー」と発音。音がかすれた感じが出れば OK

田中的 ポイント

台湾なまりだと「4」と「10」の発音がわかりづらい

台湾なまりでは、10 の「shí」が "h" のそり舌音が弱くなり、限りなく「sí」の発音に近くなります。そうすると、4 の本来の「sì」とは声調のみ異なる音になります。つまり声調だけでの判断が必要となります。44 の場合、本来は sì shí sì ですが、台湾なまりだと「sì sí sì」になります。そのほか、14 も本来は shí sì だけど、「sí sì」になります。ここだけは、台湾なまりだと困っちゃうところ。

39

11
shí yī

12
shí èr

13
shí sān

20
èr shí

21
èr shí yī

22
èr shí èr

※基本は上の桁から
　桁ごとに区切って発音

例）**27**

※「er shi (20)」の
　後に「qi (7)」と言う

30
sān shí

50
wǔ shí

※ yi bai yi と言われると、101？　となるけど、
　正解は 110（省略版）のこと。
　101 のときは必ず 0 の ling が入ります。

100
yì bǎi

101
yì bǎi líng yī

102
yì bǎi líng èr

110
yì bǎi yī shí

150
yì bǎi wǔ shí

200
liǎng bǎi

500
wǔ bǎi

※ 110 の 10 は、
　単独の 10 のときは
　「shi」だけど、
　ほかの桁が加わった
　数の場合は
　「yì shi」になる

1000
yì　qiān

2000
liǎng qiān

※ 100 桁以降の
　「2」の発音は
　「liáng」になる

10000
yí wàn

20000
liǎng wàn

田中的　ポイント

イレギュラー変調、この 3 つにご注意！　ただし法則あり！

組み合わせによって、声調が変化する「変調」が起きる場合があります。ただし、この 3
つの場合さえ覚えたら大丈夫です！

❶ **3 声 × 3 声**
ﾚﾚ

3 声が 2 つ以上連続する単語
の場合、最後の文字以外は
全て 2 声に変調します。

例）**你 好** ⟶ ní hǎo
　　nǐ hǎo

展 覧 館 → zhan lan guǎn
zhǎn lǎn guǎn

❷ **一**
yi

1 声〜3 声との組み合わせの
場合は「一」が四声になり、
4 声との組み合わせの場合の
み 2 声に変調します。

例）（一 × 1 声）
一 天 → yì tiān
yī　tiān

（一 × 2 声）
一 年 → yì nián
yī　nián

（一 × 3 声）
一 百 → yì bǎi
yī　bǎi

（一 × 4 声）
一 様 → yí yàng
yī　yàng

❸ **不**
bu

4 声との組み合わせの場合は
「不」は 2 声に変調します。
そのほかの組み合わせは変調
なしです。

例）（不 × 4 声）
不 是 → bú shì
bù　shì

（不 × 4 声）
不 要 → bú yào
bù　yào

♯ 私 僕 俺 … 華語の『主語』は全て同じ

おそらく、最も使う頻度の高い『主語』。しかし、日本語のように性別やシチュエーション、個性に合わせた表現は特にありません。どれも、シンプルで簡単。

主 語 （人称代名詞）

単数	～たち 複数形 men +們	～の 単数・複数形 de +的
我 wǒ 私	我 們 wǒ men 私たち	我 的（朋 友）wǒ de péng yǒu 私の（友達）
你 nǐ あなた	你 們 nǐ men あなたたち	你 的（媽 媽）nǐ de mā ma あなたの（お母さん）
他 / 她 tā tā 彼（男性）/ 彼女（女性）	他 們 / 她 們 tā men tā men 彼ら / 彼女たち	他 們 的（老 師）tā men de lǎo shī 彼らの（先生）

田中的ポイント

我の発音は「魚市場」の「うお」

主語で一番手こずるのが「我」の発音。苦手な人も多い3声の「我」と一番近い日本語は「魚市場」の「うお」の発音。
ちょうど3声っぽい声調なので試してみて。

～さん 呼称	～と～ 複数形
※名前のわからない人へは 単語のみで使用	gēn ＋跟＋
先生 xiān shēng ミスター （男性に対して）	我 跟 他 wǒ gēn tā 私とあなた
小 姐 xiǎo jiě ミス （女性に対して）	你 (的) 朋 友 跟 他 nǐ de péng yǒu gēn tā あなたの友達と彼

応用 ○○先生 / ○○小姐

※名前と組み合わせることで
「○○さん」として
使うことができます。

 彼女？ガールフレンド？
その曖昧な表現の違いを、知っておきましょう。

她 tā 彼女	女 朋 友 nǚ péng yǒu ガールフレンド	女 的 朋 友 nǚ de péng yǒu 女性の友人
他 tā 彼	男 朋 友 nán péng yǒu ボーイフレンド	男 的 朋 友 nán de péng yǒu 男性の友人

彼氏（恋人）と、一般的な異性の友人を表現する際、その違いは「的」があるかどうか。
関係が紛らわしくなるので注意が必要です（笑）

＃ これ！ ここ！ … めっちゃ頼れる

『これ・あれ・どれ』

買い物や食事、移動中 … 指だけ指すのではなく、「これ！」「ここ！」と言えるようになりましょう。以下の語句は全て、主語にも目的語にも使えます。

基本形	これ／この **這** zhè	あれ／あの **那** nà	どれ **哪** nǎ
＋是 shì	「這」の発音は日本語の中途半端な「チャー」 **這 是 ○○** zhè　shì これは○○です	「あれ」「どれ」の発音は声調の違いで判断！ **那 是 ○○** nà　shì あれは○○です	**✕** 単体では使えない
＋個 ge 物に対して	**這（一）個** zhè　(yí)　ge これ	**那（一）個** nà　(yí)　ge あれ	**哪（一）個** nǎ　(yí)　ge どれ
＋些 xiē 複数	**這 些** zhè　xiē これら	**那 些** nà　xiē あれら	**哪 些** nǎ　xiē どれ（ら）
＋裡 lǐ 場所に対して	**這 裡** zhè　lǐ ここ	**那 裡** nà　lǐ あそこ	**哪 裡** nǎ　lǐ どこ

＃基本的な 文法 で、ひとまずは大丈夫

華語の文法の参考書を見ると、どれもめっちゃ分厚い本ばかり。確かに深く知ろうとすればどの言語も文法は大事。しかし、いきなり全部は難しい。だから、華語の文法をできるだけ簡単にご紹介します。基本的な文法の構造だけ、まずは知ってください。

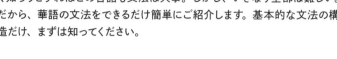

❶ 基本の文型 　　　主語 + 動詞 + 目的語

私は台北に行く

我 去 台 北
wǒ　qù　tái　běi
主　動　　目的

英語と同じ！

❷ 疑問文 　　　主語 + 動詞 + 目的語 + 嗎？

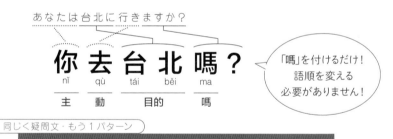

あなたは台北に行きますか？

你 去 台 北 嗎？
nǐ　qù　tái　běi　ma
主　動　目的　嗎

「嗎」を付けるだけ！
語順を変える
必要がありません！

同じく疑問文・もう1パターン

主語 + 動詞 + その動詞の否定語 + 目的語？

あなたは台北に行きますか？

你 去 不 去 台 北？
nǐ　qù　qú　qù　tái　běi
主　動　動（否定）　目的

❸ 文章に"感情"を注ぐ3つの言葉　會 / 要 / 想

基本の形「我去台北」でも通じます。ただ、「わたし台北行く」のように
感情が入っていない状態。文章を作る際、基本的には3つのうちどれか
の感情を注ぐ言葉（助動詞）を必ず入れましょう。

可能性がある　會　huì

我 會 去 台 北
wǒ huì qù tái běi

私は台北に行くでしょう

**実行前提の
願望／意志**　要　yào

我 要 去 台 北
wǒ yào qù tái běi

私は台北に行きます

願　　望　想　xiǎng

我 想 去 台 北
wǒ xiǎng qù tái běi

私は台北に行きたいな…

❹ 否定文　　不 / 沒　「否定」の意

否定の言葉は「不」と「沒」の2つ！

状態の否定　不　bù

我 不 吃 飯
wǒ bù chī fàn

しない　　　　　私はご飯を食べない

事実の否定　沒 有 (沒)　méi yǒu méi

我 沒 吃 飯
wǒ méi chī fàn

していない　　　私はご飯を食べていない

応用！

❷ 〜 ❺ 組み合わせ　　希望 ＋ 否定 ＋ 疑問

主　否定　希望　動　　　　疑問

你 不 想 去 台 灣 嗎 ？
nǐ bù xiǎng qù tái wān ma

あなたは台湾に行きたくないですか？

動詞をアレンジする、３つの表現

完了 / 変化 「了」

我 到 台 北 了
wǒ dào tái běi le

私は台北に着きました

台北に行っていない状態が、
着いた状態になった。

我 來 台 北 了
wǒ lái tái běi le

私は台北に来ました

※「了」はよく過去形として考えられがちですが、正確には変化 / 完了を意味します。また、文末に「了」をつけることで、これまでの状態から変化した（完了した）意味になります。

経　験 「過」

我 去 過 台 北
wǒ qù guò tái běi

私は台北に行ったことがあります

※別の言い方
我 有 去 過 台 北
wǒ yǒu qù guò tái běi

※ 台湾では動詞の前に「有」もつけて 有＋動詞＋過 を使うことが多い。「行ったことがある」と意味は同じです。

（否定の場合）

我 沒 有 去 過 台 北
wǒ méi yǒu qù guò tái běi

私は台北に行ったことがありません

※ 状態の否定をあらわす「沒」は、必ず動詞の前におきます。

進行形 「在」

我 在 吃 飯
wǒ zài chī fàn

私はご飯を食べています

※必ず動詞の前におきます。

日本語でも、「行く / 来る」の使い分けは、それを発言する際の場所によって変わります。華語でも目的地にまだいない場合は「去（行く）」と使い、その目的地にいる場合は「來（来る）」や「到（着く）」を使います。

見分けるポイントは「要」の後ろの言葉をチェック。目的語であれば、動詞の「ほしい」の意味に、後ろに別の動詞がついていれば助動詞の「要」として「want」の意味になります。

❶動詞の 要 欲しい **我 要 一 個** 私は1つ欲しいです。
wǒ yào yí ge （1つください）

❷助動詞の 要 確定に近い／希望する **我 要 去 廁 所**
wǒ yào qù cè suǒ

私はトイレに行きます。

2つの「在」の判別方法

見分けるポイントは「在」の後ろの言葉をチェック。場所に関する単語なら「in」、動詞なら「ing」です。また、「in」の場合も文章内にほかの動詞がある場合は前置詞、なければ動詞になります。

❶inの 在 動 詞 **我 在 東 京** 私は東京にいます。
（場所）〜にいます wǒ zài dōng jīng

前 置 詞 **我 在 東 京 買 水 果**
（場所）〜で wǒ zài dōng jīng mǎi shuǐ guǒ

私は東京で果物を買っています。

❷ingの 在 助動詞 進行形 **我 在 逛 街** 私は買い物を
※後ろに必ず動詞がつく wǒ zài guàng jiē している最中です。

応用！ **文章をつなげてみよう**

華語の文法はまだまだありますが、今覚えるのはこのくらいで OK。大事なことは自分の希望を文章にして、それを口にすること。多少文法が違っていても全然平気です。これでカルチャーゴガク的基礎文法は終了！

我 跟 朋 友 要 去 東 京
wǒ gēn péng yǒu yào qù dōng jīng
私と友人は東京に行きます。

我 跟 朋 友 要 去 逛 街
wǒ gēn péng yǒu yào qù guàng jiē
私と友人は買い物に行きます。

➡ **我 跟 朋 友 要 去 東 京 逛 街**
wǒ gēn péng yǒu yào qù dōng jīng guàng jiē
私と友人は東京に行って買い物に行きます。

（時間）を入れてさらに具体的に…

下 禮 拜 六 我 跟 朋 友 要 去 東 京 逛 街
xià lǐ bài liù wǒ gēn péng yǒu yào qù dōng jīng guàng jiē
来週の土曜日、私と友人は東京に買い物に行きます。

#このくらいの 動詞 で
何とかやっていけます

僕が、これまで覚えてきた動詞の中で、カルチャーゴガク的にこれだけ知っていれば、何とか日常会話がうまくいくと考える動詞50個を紹介します。

超重要動詞 50

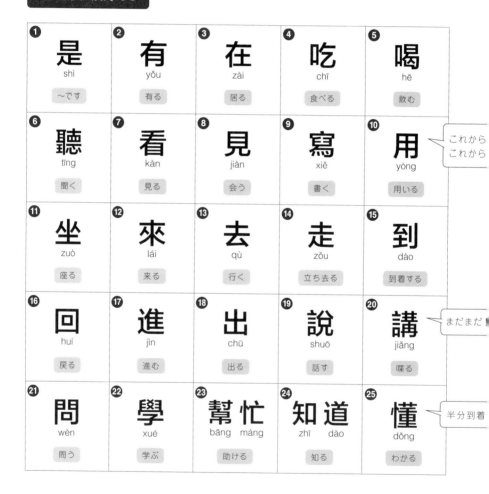

❶ 是 shì ～です	❷ 有 yǒu 有る	❸ 在 zài 居る	❹ 吃 chī 食べる	❺ 喝 hē 飲む
❻ 聽 tīng 聞く	❼ 看 kàn 見る	❽ 見 jiàn 会う	❾ 寫 xiě 書く	❿ 用 yòng 用いる
⓫ 坐 zuò 座る	⓬ 來 lái 来る	⓭ 去 qù 行く	⓮ 走 zǒu 立ち去る	⓯ 到 dào 到着する
⓰ 回 huí 戻る	⓱ 進 jìn 進む	⓲ 出 chū 出る	⓳ 說 shuō 話す	⓴ 講 jiǎng 喋る
㉑ 問 wèn 問う	㉒ 學 xué 学ぶ	㉓ 幫忙 bāng máng 助ける	㉔ 知道 zhī dào 知る	㉕ 懂 dǒng わかる

これから
これから

まだまだ

半分到着

㉖ **記得** jì dé 覚える	㉗ **忘記** wàng jì 忘れる	㉘ **小心** xiǎo xīn 気をつける	㉙ **放心** fàng xīn 安心する	㉚ **擔心** dān xīn 心配する
㉛ **喜歡** xǐ huān 好き	㉜ **覺得** jué de 思う	㉝ **要** yào 要る	㉞ **買** mǎi 買う	㉟ **賣** mài 売る
㊱ **給** gěi あげる	㊲ **等** děng 待つ	㊳ **找** zhǎo 探す	㊴ **做** zuò 作る	㊵ **開始** kāi shǐ 始める
㊶ **結束** jié shù 覚える	㊷ **工作** gōng zuò 仕事をする	㊸ **玩** wán 遊ぶ	㊹ **住** zhù 住む	㊺ **休息** xiū xí 休む
㊻ **睡覺** shuì jiào 寝る	㊼ **穿** chuān 着る	㊽ **洗** xǐ 洗う	㊾ **認識** rèn shi 知り合う	㊿ **聯絡** lián luò 連絡する

山頂が
見えて
きたぞ

ゴール
目前

おめでとう
日常は
クリア!?

49

＃ このくらいの 形容詞 / 形容動詞 で なんとかやっていけます

動詞に続いてこれさえ覚えていれば OK な、「形容詞 / 形容動詞 50」。形容詞 / 形容動詞 の場合、副詞の「很」とくっつけて使うのが基本です。「很」を基準に、程度によって使い分ける副詞も併せて覚えましょう。

基本の文型	主語 + 副詞 + 形容詞

主　　　　　　　　　副　　形
你 的 髮 型 很 好 看
nǐ de fà xíng hěn hǎo kàn

あなたの髪型は素敵ですね！

「很」以外の副詞

ちょっと	有 一 點 yǒu yì diǎn	全て	都 dōu
とても	好 / 非 常 / 超 hǎo fēi cháng chāo	一番	最 zuì
比較的に	比 較 bǐ jiào	あまりに	太 tài ※ネガティブな 意味でも使います

超重要形容詞 50

❶ 好看 hǎo kàn 綺麗（good look）	❷ 好吃 hǎo chī 美味しい（食べ物）	❸ 好喝 hǎo hē 美味しい（飲み物）	❹ 好聽 hǎo tīng 良い音だ（good sound）	❺ 開心 kāi xīn 幸せ / 嬉しい
❻ 難過 nán guò 辛い	❼ 可愛 kě ài 可愛い	❽ 漂亮 piào liàng 美しい	❾ 新 xīn 新しい	❿ 舊 jiù 古い

⑪ 年輕 nián qīng 若い	**⑫ 老** lǎo 歳をとっている	**⑬ 便宜** pián yí 安い	**⑭ 貴** guì （金額が）高い	**⑮ 大** dà 大きい
⑯ 小 xiǎo 小さい	**⑰ 多** duō 多い	**⑱ 少** shǎo 少ない	**⑲ 熱** rè （温度が）熱い （気温が）暑い	**⑳ 冷** lěng （気温が）寒い
㉑ 冰 bīng （温度が）冷たい	**㉒ 長** cháng 長い	**㉓ 短** duǎn 短い	**㉔ 重** zhòng 重い	**㉕ 輕** qīng 軽い
㉖ 高 gāo （高さが）高い	**㉗ 低** dī （高さが）低い	**㉘ 快** kuài 速い	**㉙ 慢** màn （スピードが）遅い	**㉚ 近** jìn 近い
㉛ 遠 yuǎn 遠い	**㉜ 難** nán 難しい	**㉝ 簡單** jiǎn dān 簡単だ	**㉞ 甜** tián 甘い	**㉟ 辣** là 辛い
㊱ 酸 suān 酸っぱい	**㊲ 苦** kǔ 苦い	**㊳ 臭** chòu 臭い	**㊴ 早** zǎo 早い	**㊵ 晚** wǎn （時間が）遅い
㊶ 舒服 shū fú 気持ちが良い 心地が良い	**㊷ 忙** máng 忙しい	**㊸ 痛** tòng 痛い	**㊹ 餓** è お腹が空く	**㊺ 羨慕** xiàn mù 羨ましい
㊻ 熱情 rè qíng （心が）温かい	**㊼ 熱鬧** rè nào 賑やかである	**㊽ 有名** yǒu míng 有名な	**㊾ 適合** shì hé 似合っている	**㊿ 奇怪** qí guài 変である 変わっている

＃入れるだけ楽ちんな 疑問詞

華語の疑問詞は、文章の聞きたい部分にそのまま入れるだけ、文章の順番やそれ以外に加えるものは一才ないので、楽ちんです。

基本の文型	知りたい人、物、事 ＋ 疑問詞

聞きたい部分に
疑問詞を入れるだけ

例）●●が何かを聞きたい場合

※ 疑問詞がある場合、疑問詞の中にすでに「嗎」の要素が含まれているため、「嗎」は不要です。

這 是 什 麼 ？
zhè shì shén me
これは何ですか？

╳
這 是 什 麼 嗎
zhè shì shén me ma

誰
shéi
だれ

例文

他 是 誰 ？
tā shì shéi
彼は誰ですか？

他 是 我 的 朋 友
tā shì wǒ de péng yǒu
彼は私の友達です。

這 是 誰 的 包 包 ？
zhè shì shéi de bāo bāo
これは誰の鞄ですか？

這 是 我 的 包 包
zhè shì wǒ de bāo bāo
これは私の鞄です。

什 麼
shén me
なに

那 是 什 麼 ？
nà shì shén me
あれは何ですか？

那 是 手 機
nà shì shǒu jī
あれは携帯です。

你 要 什 麼 ？
nǐ yào shén me
あなたは何が欲しいですか？
（ご注文は？）

我 要 這 個
wǒ yào zhè ge
これが欲しいです。

哪 裡
nǎ lǐ
どこ

洗 手 間 在 哪 裡 ？
xǐ shǒu jiān zài nǎ lǐ
トイレはどこですか？

洗 手 間 在 前 面
xǐ shǒu jiān zài qián miàn
トイレは前方にあります。

你 住 在 哪 裡 ？
nǐ zhù zài nǎ lǐ
あなたはどこに住んでいますか？

我 住 在 福 井
wǒ zhù zài fú jǐng
私は福井に住んでいます。

華語で疑問文にする場合、基本は文章の一番後ろに「嗎」をつけますが、疑問詞を入れる場合は、それ自体に「嗎」の意味が含まれるため不要になります。

哪（一）個
ná (yī) ge
どれ

例文 哪 一 個 最 好 吃 ？
ná yí ge zuì hǎo chī
どれが一番美味しいですか？

這 個 最 好 吃
zhè ge zuì hǎo chī
これが一番美味しいです

怎 麼
zěn me
どのように

你 怎 麼 來 這 裡 ？
nǐ zěn me lái zhè lǐ
あなたどのようにここに来ましたか？

我 開 車 來 這 裡
wǒ kāi chē lái zhè lǐ
私は車でここにきました。

什 麼 時 候
shén me shí hòu
いつ

你 什 麼 時 候 回 來 ？
nǐ shén me shí hòu huí lái
あなたはいつ戻りますか？

我 明 天 回 來
wǒ míng tiān huí lái
明日戻ります。

為 什 麼
wèi shén me
なぜ

你 為 什 麼 學 中 文 ？
nǐ wèi shén me xué zhōng wén

あなたはなぜ中国語を勉強していますか？

多 少
duō shǎo
どのくらい
量を尋ねるとき

這 個 多 少 錢 ？
zhè ge duō shǎo qián

これはいくらですか？

幾 ～
jǐ
いくつ
数を尋ねるとき

你 們 幾 個 人 ？
nǐ men jǐ ge rén
あなたたちは何人ですか？

你 要 幾 個 ？
nǐ yào jǐ ge
いくつ要りますか？

＃ 日本語と微妙に似ていて違う 時間表現

日本語と似ているところも少しある台湾の時間表現。しかし、華語は基本的に時制がないため、しっかり時間を伝えることが必要です。時間を表す副詞を主語の前後に置き、時期や時間をしっかり伝えよう。

❶ 基本の文型　　主語 + 時間 + 動詞 + 目的語

来週		金曜	朝	9時		動		
我	下 禮 拜	五	早 上	九 點	要	去	台 北
wǒ	xià lǐ bài	wǔ	zǎo shàng	jiǔ diǎn	yào	qù	tái běi

来週金曜日の朝 9 時に台北に行きます

……… ※ P.45 参照

	過去	現在	未来
年	去 年 qù nián 去年	今 年 jīn nián 今年	明 年 míng nián 来年
月	上 個 月 shàng ge yuè 先月	這 個 月 zhè ge yuè 今月	下 個 月 xià ge yuè 来月
週	上 個 禮 拜 shàng ge lǐ bài 先週	這 個 禮 拜 zhè ge lǐ bài 今週	下 個 禮 拜 xià ge lǐ bài 来週
日	昨 天 ｜ 前 天 zuó tiān ｜ qián tiān 昨日 ｜ 一昨日	今 天 jīn tiān 今日	明 天 ｜ 後 天 míng tiān ｜ hòu tiān 明日 ｜ 明後日

| その他 | 以 前
yǐ qián
以前 | 最 近
zuì jìn
最近 | 現 在
xiàn zài
今 | 馬 上
mǎ shàng
今すぐに | 以 後
yǐ hòu
以後 / 今後 | 未 來
wèi lái
未来 |

曜日の言い方　禮拜 + 數字（星期 + 數字）

「曜日」の言い方は台湾では2種類ありますが、比較的「禮拜」をよく使います。チャットなど普段の会話ではなく、正式な文書やカレンダーなどの一部で「星期」を使います。一方、中国では話し言葉でも「星期」を使うことが多いです。
xīng qī

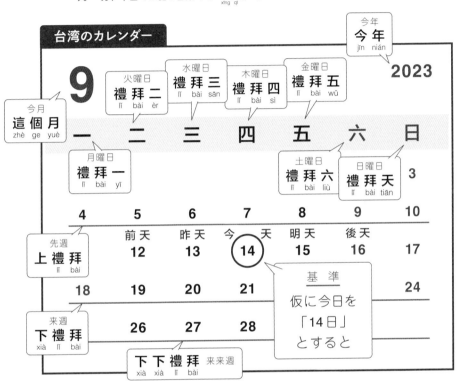

台湾のカレンダー

9　2023

今年
今 年
jīn nián

今月
這 個 月
zhè ge yuè

火曜日 禮 拜 二 yǐ bài èr
水曜日 禮 拜 三 yǐ bài sān
木曜日 禮 拜 四 yǐ bài sì
金曜日 禮 拜 五 yǐ bài wǔ

月曜日 禮 拜 一 yǐ bài yī
土曜日 禮 拜 六 yǐ bài liù
日曜日 禮 拜 天 yǐ bài tiān

一	二	三	四	五	六	日
						3
4	5	6	7	8	9	10
	前天 12	昨天 13	今天 14	明天 15	後天 16	17
18	19	20	21			24
	26	27	28			

先週
上 禮 拜
yǐ bài

来週
下 禮 拜
xià yǐ bài

下 下 禮 拜　来来週
xià xià yǐ bài

基 準
仮に今日を
「14日」
とすると

月日の言い方　○月○號　3月27號　3月27日
sān yuè èrshí qī hào

時間の言い方　上 午 十 點 九 分　午前10時9分
shàng wǔ shí diǎn jiǔ fēn

朝 早 上 zǎo shàng　午前 上 午 shàng wǔ　正午 中 午 zhōng wǔ　午後 下 午 xià wǔ　夜 晚 上 wǎn shàng

＃ あなたの会話に流れを生み出す、

接続詞 / 接続助詞

「気楽に覚える台湾華語」の最後は、「接続詞 / 接続助詞」。これまでは簡単な文法を知り、単語をつないで文章にしてきました。ここでは接続詞を使って、さらに2つ以上の文章をつなげてみます。まずは簡単な接続詞をしっかりおぼえましょう。

逆説　でも、けれど〜　　　　　　　　　　　　しかし

不過 / 可是　文書より口語表現で　　**但是**　最も否定が強い
bú guò kě shì　よく使います　　　　dàn shì

例）　昨天好冷，但是天氣很好。
　　zuó tiān hǎo lěng　dàn shì tiān qì hěn hǎo

　　昨日はとても寒かったけれど、天気はよかった。

原因 / 理由　〜なので

因為〜所以　必ず対で使います
yīn wèi　　suǒ yǐ

例）　因為太貴，所以我不要買。
　　yīn wèi tài guì　suǒ yǐ wǒ bú yào mǎi

　　あまりにも高いので、私は買いません。

繋ぎ　それから〜、それで〜、あと、

然後　文章どうしを並列につなぎます
rán hòu

例）　我要一杯鮮豆漿，然後要一個肉包。
　　wǒ yào yì bēi xiān dòu jiāng　rán hòu yào yí ge ròu bāo

　　豆乳スープをください。それと、肉まんもください。

繁体字の句読点は、日本語や簡体字とは異なり、
文字の上下高の中央に配置します。

並列／選択　または／もしくは

還是／或者

hái shì　huò zhě

2つのもののうち、
1つを選ぶなどの場合に使います

例）**你喜歡喝烏龍茶，還是綠茶？**

nǐ xǐ huān hē wū lóng chá　hái shì lǜ chá

あなたはウーロン茶が好きですか？それとも緑茶ですか？

仮定　もし…だったら

如果…的話

rú guǒ　de huà

2つセットが基本

例）**如果有機會的話，我想去台灣旅遊。**

rú guǒ yǒu jī huì de huà　wǒ xiǎng qù tái wān lǚ yóu

もしチャンスがあれば、台湾へ旅行に行きたいです。

田中の空耳台湾華語

「誰が言ったか知らないが、言われてみれば確かに聞こえる。」このフレーズでおなじみの空耳アワー！ 本章の最後に究極の田中独自勉強法『空耳台湾華語』を紹介します。言葉が全く分からなくても日本語の単語やフレーズを発すれば、見事に通じてしまう、摩訶不思議、だけど超便利。全て僕も実証済みなので安心して使ってください。

ニャオー

你 好
nǐ　　hǎo

猫の鳴き真似でもしてるのかな…いや違う！ 猫の鳴き声をすれば超ネイティブな「你好」に聞こえてきます！

意味：こんにちは！

でんしゃ（電車）

等 一 下
děng　yí　xià

僕の空耳コレクションの中でも特に傑作。とっさに使いたい"ちょっと待って"に聞こえてきます。『電車を待つ』と覚えれば◎

意味：ちょっと待って

ぶつだん（仏壇）

不 知 道
bù　zhī　dào

ポイントは、少し「だん」をさらっと言うこと。お仏壇と言っても「我不知道」となってどちらも可。

意味：わからない／知らない

スミス

什 麼 意 思
shén　me　yì　sī

ネイティブだと、少し早口で崩した言い方になりそれがちょうど「スミス」に聞こえてきます。

意味：どういう意味？

オーケーにいちゃん（OK兄ちゃん）

我 跟 你 講
wǒ gēn nǐ jiǎng

台湾人の会話でよく耳にするこの言葉。まだ意味がわからなかった頃は、何がOKなのか分かりませんでした。

意味：あのさ〜

ブス

不 是
bú shì

台湾の人みんな口が悪いな…と思いましたが、違う違う。台湾なまりだと『不是』の発音が「bus(h)i」"ブースー"となって聞こえてきます。

意味：違う

しゃしん（写真）

小 心
xiǎo xīn

ご飯屋さんで食事を運ぶ店員さんが「写真、写真！」と叫んでいます。とっさに使うことの多い言葉です。

意味：気をつけて

へんたい（変態）

很 台
hěn tái

近年よく使われるようになった「台湾っぽい」という褒め言葉。

意味：台湾っぽい

しょうちゅう（焼酎）

收 據
shōu jù

タクシーで領収書がほしいことを伝えたいけど、「據」の発音が難しい。いっそのこと「焼酎」と言った方が通じます。

意味：領収

ほいじゃー！

回 家
huí jiā

これは意味もシチュエーションもバッチリ、覚えやすい！

意味：家に帰る

おしい（惜しい）

我 是
wǒ shì

よく使うからサラッと使いたいのになかなか上手く発音できません。まさにそんな状況が"惜しい"！

意味：私は〜です

おめん（お面）

我 們
wǒ men

どうしても「我」の発音時、3声にトーンが下げられない方！「お面」と言えば通じます。

意味：私たち

こわいで（怖いで）
関西弁で

快 一 點 🦻
kuài   yì   diǎn

スピードが出てるタクシーで「怖いで！」と叫んだら、もっとスピードアップされちゃうかも…関西の方ご注意を。

意味：もうちょっと早くして

じょうず（上手）

🦻 桌 子
zhuō   zi

本当は「zhuo」と「ウオ」という口をすると綺麗な発音になりますが、「上手」という言葉がちょうど近い声調です。

意味：机

じいちゃん 🦻

機 場
jǐ   chǎng

一声 × 三声のリズムが、日本語の「じいちゃん」とピッタリ一緒。「ばあちゃん」は台湾語の「ちまき／肉粽」に聞こえます。

意味：空港

バイト

🦻 拜 託
bài   tuō

「バイトーバイトー」と手を合わせてお願いしている人を発見。バイトを探しているようにしか思えませんでした。

意味：お願い！

オーシャン

🦻 我 想
wǒ   xiǎng

「三声×三声」で声調が変調するのですが「オーシャン」と言えば、それも解決します。

意味：したい

こんぶ（昆布）

恐 怖 🦻
kǒng   bù

関西弁で「怖い」と言っちゃうと別の意味になってしまう可能性があるので、「昆布」と言えばちゃんとスピード落としてくれるかも！

意味：怖い

ほんま？

🦻 紅 嗎
hóng   ma

「紅」は疑問文にすると「人気がありますか？」の意味に。それがちょうど関西弁の「ほんま？」にそっくり。

意味：人気ありますか？

だいず（大豆）

🦻 袋 子
dài   zi

どうしても「袋」の台湾華語が出てこない…「大豆の袋」と覚えて以降、レジ前で困らなくなりました。

意味：袋

第 二 章

ゴガクを
口にする

実践！台湾華語

出会う台湾華語

教科書の中の語学ではなく、町の中に溢れる"ゴガク"の世界。第2章では
いよいよ街に出て、台湾人が実際に使う言葉についてご紹介します。第1章
で触れた基礎も時々振り返り、照らし合わせながら、いよいよゴガクを口に
していきましょう。

♯ え！「你好」「再見」は使わない

ほとんどの日本人が知っている単語といえば「ニーハオ」。そんな「ニーハオ」は、
ネイティブの挨拶で必ず使う言葉ではない、という衝撃の事実からお話します。
また、"さようなら"の意味の「再見」、こちらもあまり使いません。敬語は日本語
のように複雑ではなく、ビジネスの場面でも日本では信じられないほどフランク
でカジュアル。目上の人や歳上の人に「拝拝 bài bài」を言う際も手を振るのが
普通なのですが、いつも手を振りつつ、自然とお辞儀をしてしまうという変な格
好になっています。

CHECK❶　　ネイティブな挨拶を覚えましょう。

英語の

Hi	HEY	Hello
嗨	**嘿**	**哈 囉**
hāi	hèi	hā luó

拍子抜けするかもしれませんが、台
湾人のネイティブな挨拶は英語の当
て字。これはかなりありがたいです。

CHECK❷　　ネイティブな挨拶を覚えましょう。

	台　湾		中　国
	おはようございます	（友人や親しい仲）おはよう	
朝	**早 安** zǎo ān	**早** zǎo	**早 上 好** zǎo shāng hǎo
	こんにちは		
昼	**午 安** wǔ ān	——	——
	（こんばんは）／おやすみ		
夜	**晚 安** wǎn an	——	**晚 上 好** wǎn shāng hǎo

朝と夜の挨拶は中国
と台湾では全然違い
ます。
通じますが、心の距
離が離れてしまう恐
れあり。これは絶対
注意が必要。

教科書の中の挨拶の定番、あまり出番は少ないかも？

かつて、海外で売っていた日本語の参考書に「お国はどちらですか」という文章が紹介されていて、驚いたことがありました。このように、教科書の中の定番の語句や表現にも、ネイティブが使わないものもたくさんあります。

初 次 見 面
chū　cì　jiàn　miàn

初めまして

請 多 指 教
qǐng　duō　zhǐ　jiào

よろしくお願いします

初対面の時、日本人だと「よろしくお願いします」と言いたくなるところですが、台湾ではあまり聞いたことがありません。
もちろん間違いではありませんが、どこか不自然な感じがするようです。

再 見
zài　jiàn

さようなら

「再見」は、接客など改まった場面で使うことがあります。友人に「さようなら」と言わないように、少し固い表現になります。

ビジネス上での挨拶を覚えましょう。

ビジネスの場であっても人対人。商談や会議でいくら通訳がいるからと
笑顔だけで何も話さないよりは、最初の挨拶や別れの挨拶ができるときっと
ビジネスの行方も変わってくるはずです。

您 好
nín　hǎo

こんにちは（敬語）

華語の、数少ない敬語の中の代表的な表現。仕事上など、目上の方に対しては「你 nǐ」を「您 nín」に変えて使います。仕事上の初対面の挨拶の際は「你好」をよく使いますが、明らかに目上の方には「您好」を使うとベスト！

這 是 我 的 名 片
zhè　shì　wǒ　de　míng　piàn

私の名刺です。

名刺交換で無言で渡すより、
これが言えたらカッコいい！

謝 謝 您
xiè　xie　nín

ありがとうございます。

「ありがとう」の丁寧な言い方は後ろに「你」をつければ OK。お店側／店員が接客の際お客さんに対して「您」と使うことが多い。

最上級
より丁寧

您
→

謝 謝 您
xiè xie nín

謝 謝 你
xiè xie nǐ

你

謝 謝
xiè xie

麻 煩 你
má fán nǐ

麻 煩 你 了
má fán nǐ le

「麻煩」の本来の意味は、「面倒をかける/めんどくさい」。それが転じて「お手数おかけします」となります。

お手数おかけします。（よろしくお願いします）

辛 苦 你 了
xīn kǔ nǐ le

注意！

日本語的では挨拶のように「お疲れ様」を多用しますが、台湾では本当に大変なことや、疲れた時の労い以外はあまり使われません。

お疲れ様でした。

很 高 興 認 識 你
hěn gāo xìng rèn shí nǐ

保 持 聯 絡
bǎo chí lián luò

お会い出来て光栄です。

引き続き連絡を取り合いましょう！

田中的ポイント

台湾人は、なぜみんな英語名を持っているの？

台湾人に名前を聞くと、「ジェリー」や「エリック」など英語の名前を持つ人が多いのはなぜでしょうか？　英語名は本人の正式の名前ではなく、あくまでもニックネームをつける理由はいくつかあり、まず1つは本名の発音が難しく海外の人たちはもちろん覚えづらいということがあります。

2つ目に、台湾では人口の半数以上が、「陳、林、黄、張、李、王、吳、劉、蔡、楊」という名前の種類の少なさにあります。そのため、小学校や中学校の時期に学校の先生から名付けてもらったり、自ら好きな名前を名乗ったり、日本人の名前は親から"与えられるもの"からすると文化の違いを感じます。また、驚くことに本名も生涯3回まで改名ができます。

関連語

名前は何ですか？

你 叫 什 麼 名 字 ？
Nǐ jiào shén me míng zì

ジェリーと言います。

我 叫 Jerry
wǒ jiào

CHECK ⑤ 街中で知り合い（友人）に出会った時の挨拶を
覚えましょう。

突然のコミュニケーションこそ、さらっとできるとめっちゃカッコいいですよね。
「嗨〜」だけでなく、その場をうまくつなげる表現を身につけておこう。

好 久 不 見
hǎo　jiǔ　bú　jiàn

お久しぶり

你 最 近 好 嗎？
nǐ　zuì　jìn　hǎo　ma

最近元気？

誒 〜！好 巧
eì　　　hǎo　qiǎo

わ！めっちゃ奇遇！

我 們 再 約
wǒ　men　zài　yuē

また日を改めて会おう！

CHECK ⑥ 祝日や、特別な日の挨拶を覚えましょう。

台湾では、季節ごとの祝日を日本以上に大事にする印象があります。その近
辺や当日には挨拶の最後に「〇〇節快樂」と言うと台湾人らしいです。日本で
はあまり特別視しない「中秋節」や「端午節」は台湾ではすごく大事な日のため、
気の利いた挨拶ができると GOOD です！

生 日 快 樂
shēng　rì　kuài　lè

誕生日おめでとう。

新 年 快 樂
xīn　nián　kuài　lè

明けましておめでとう。

中 秋 節 快 樂
zhōng　qiū　jié　kuài　lè

ハッピー中秋節。

端 午 節 快 樂
duān　wǔ　jié　kuài　lè

ハッピー端午節。

情 人 節 快 樂
qíng　rén　jié　kuài　lè

ハッピーバレンタイン。

萬 聖 節 快 樂
wàn　shèng　jié　kuài　lè

ハッピーハロウィン。

聖 誕 節 快 樂
shèng　dàn　jié　kuài　lè

メリークリスマス！

母 親 節 快 樂
mǔ　qīn　jié　kuài　lè

メリークリスマス！

掰 掰
bāi　bāi

バイバイ！

田中的 ポイント

台湾人らしい
「バイバイ」の
リズムを覚えよう

台湾人の「バイバイ」は老若男女一定のクセが
あります。我々日本人の「バイバイッ」のリズム
ではなく、「バッ、バーイ」。台湾人風のバイバイ、
是非真似してみてください。

買える台湾華語

ここでは、必要最小限のコミュニケーションで物を買うためのカルチャーゴガク
をお伝えします。どのような店舗でも共通する返答方法や、発声できなくても
読解できたら良い、各店で役立つ単語をチョイスしました。いかに最小限の言
葉で入店から会計までクリアできるか。それを繰り返すことで自信がつきますよ。

＃ ポケットに小銭と
　ちょっとしたゴガクを持って

会計は、コンビニ、スーパー、ドラッグストアなど、どこでも基本的には同じです。
必ず聞かれる内容は似ているので安心してください。

CHECK❶ レジでの返事は、『 不用 _{bú yòng}（必要ないです）』でOK。

現地に暮らしている台湾人であれば、やりとりが必要ですが、旅行で行く際は
どれも必要ないので全て「不用」で問題ありません。店員の話す全文を聞き取れ
なくても、下記の3つの単語を聞き取れるかに集中しましょう。

> **注目するのは「會員」「載具」「統編」の、この3つ。**

會 員
huì　yuán

文字通り「会員」のことで、お店の会員であれば聞
かれるので、自分の番号を伝えます。

載 具
zǎi　jù

近年主流になり、レジでかなりの確率で聞かれる
この言葉。レシートのクラウド保存のこと。携帯の
に保存している自分のバーコードを提示します。

統 編
tǒng　biān

「統一編號」の略で、台湾の会社のID番号。
領収書を会社に提出する場合などは、番号を伝え
て印字してもらいます。

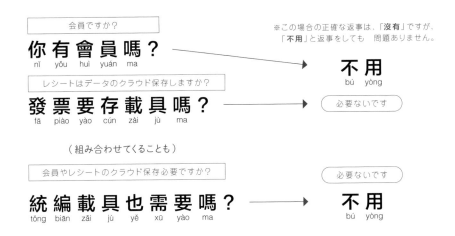

会員ですか？

你有會員嗎？
nǐ yǒu huì yuán ma

※この場合の正確な返事は、「**沒有**」ですが、
「**不用**」と返事をしても 問題ありません。

不用
bú yòng

レシートはデータのクラウド保存しますか？

發票要存載具嗎？
fā piào yào cún zài jù ma

必要ないです

（組み合わせてくることも）

会員やレシートのクラウド保存必要ですか？

必要ないです

統編載具也需要嗎？
tǒng biān zǎi jù yě xū yào ma

不用
bú yòng

CHECK❷　こちらからのリクエストは、「要〇〇」でOK。

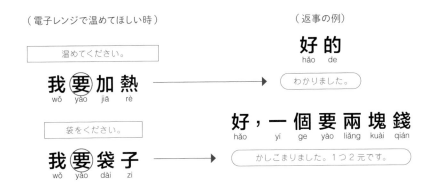

（電子レンジで温めてほしい時）

（返事の例）

温めてください。

好的
hǎo de

我要加熱
wǒ yào jiā rè

わかりました。

袋をください。

好，一個要兩塊錢
hǎo yí ge yào liǎng kuài qián

我要袋子
wǒ yào dài zi

かしこまりました。1つ2元です。

CHECK❸　値段は、カンニングできます。

レジでの会計の場合は、大抵値段が表示されるので、金額のリスニング力
は必要ありません。レジの金額表示を見ましょう。

※ちなみに、こんな感じで伝えられます。

全部で152元です。

總共152元（塊）
zǒng gòng yì bǎi wǔ shí èr yuán kuài

找您48元
zhǎo nín sì shí bā yuán

（200元渡した場合）

お返しの48元です。

台湾もキャッシュレス化が進み、日本と同じく QR 支払いは、至るところで使えます。そのほかクレジットカードや、台湾の Suica「悠遊カード（悠遊卡）」でも支払いが可能です。クレジットカードは華語だと「信用卡」。「刷」はこするの意味があり、" カードをこする "、つまり「カードを機械に通す」意味になります。その場合「信用」は略されて「卡」（カード）で通じます。

カードを使えますか？

可 以 刷 卡 嗎？
kě　yǐ　shuā　kǎ　ma

 田中的ポイント

そのレシート捨てちゃだめ！
もしかしたら大金に！

クラウド保存　　　レシート

載 具　　 發 票
zǎi　jù　　　fā　piào

台湾でレシートをもらう際に聞かれる「載具」とは、何でしょうか？
コロナ前は聞き覚えのなかったこの言葉。答えは、" レシート番号のクラウド保存 " です。以前より台湾ではレシート番号が宝くじになっていて、奇数月の25日に抽選発表がありました。これまでは、もらったレシートの番号を自分でチェックしないといけなかったのが、事前に発行されるバーコードをスマートフォン画面に保存しておくと、店員がそれを読み取り、クラウドで管理できるようになりました。これまで面倒だった当選確認も、自動でできちゃうという、さすがIT 大国台湾のお見事な仕組みなのです。登録には台湾の電話番号が必要なので、旅行の場合はまずバーコード発行は難しいためレジではレシートを印刷してもらい、それは捨てずに保存。一等はなんと、約4000万円。ネットでも当選は発表されるので、是非チェックしてみましょう。

♯ 台湾式の、値引きやサービスで お得に買い物！

台湾の買い物で一番事前に知っておきたいのが、日本にはない台湾式の値引きや、その表示方法です。一番混乱するのは、「○％で購入」の部分。それ以外は、一度理解すればそこまで難しくありません。ぜひ、これをマスターして、お得に買い物をしましょう。

1

○個買ったら、○個おまけ

買 ○ 送 ○
mǎi　　sòng

5個買ったら一個おまけ

例）買 五 送 一
　　　mǎi　wǔ　sòng　yī

2

○％で購入

○ 折
zhé

80％で購入（20％オフ）

例）8 折
　　　bā　zhé

3

○元プラスすれば、もう○個もらえる

加 ○ 元 多 ○
jiā　　yuán　duō

10元プラスすればもう1個もらえる

例）加 10 元 多 1 件
　　　jiā　shí　yuán　duō　yí　jiàn

4

○元購入で、○元おまけ

滿 ○ 元 送 ○ 元
mǎn　　yuán　sòng　　yuán

1500元以上購入で、100元おまけ

例）滿 1500 元 送 100 元
　　　mǎn yī qiān wǔ bǎi yuán sòng yì bǎi yuán
　　　（1600元のものを1500元で買える）

5

2つ目は、○元で購入できる

第 二 ○ 元
dì　èr　[数量詞]　yuán

（ドリンク）2本目は10元

例）第 二 瓶 10 元
　　　dì　èr　píng　shí　yuán

6

どれでも○個選ぶと、○％で購入できる

任 選 ○ ○ 折
rèn　xuǎn　[個数] [割引率]　zhé

4つ選んで80％で購入

例）任 選 4 件 8 折
　　　rèn　xuǎn　sì　jiàn　bā　zhé

新商品入荷
新品上市
xīn pǐn shàng shì

超おすすめ
超推
chāo tuī

特価
特價
tè jià

お得な／良いもの
好康
hǎo kāng

限定
限定
xiàn dìng

SALE 価格
優惠價
yōu huì jià

お買い得セット
超值組包
chāo zhí zǔ bāo

無料
免費
miǎn fèi

売れ筋
暢銷
chàng xiāo

割り引く
折扣
zhé kòu

早得
早鳥
zǎo niǎo

たくさん買えば、たくさんお得
買多賺多
mǎi duō zhuàn duō

クリアランスセール
清倉特賣
qīng cāng tè mài

指定商品どれを選んでも…
指定商品任選
zhǐ dìng shāng pǐn rèn xuǎn

季節商品セール
換季特賣
huàn jì tè mài

タイムセール
限時搶購
xiàn shí qiǎng gòu

田中的  ポイント

殺されかけた値引き!?

大特価
殺（價）
shā jià

台湾に初めて行った時のこと。2m近い（印象の）大男がいきなり話かけてきました。もちろん華語が話せないので、「No、No」と言っていると、何やらチラシを出してきて、そこにペンで「殺最大」と書き、僕に見せてきました。そして外のビルを指差し、「そこへ行こう」と言うんです。

「あ、これは完全にやられたな」と思いました。台湾は治安が良いとガイドブックに書いてあったのに全然違うじゃないかと、一目散にホテルへ逃げ込みました。その後台湾の友人にそのことを言うと、なんと「殺最大」の意味は「赤字覚悟」とか「大特化」の意味らしく、その大男は僕にチラシの何かをセールスしてたんだとわかりました…。

♯ 接客に怯まず、ネイティブっぽく スマートな入店から断り方まで

服屋や雑貨店など、小さな店になればなるほど必要になってくるのが、
店員とのコミュニケーション。できる限り、感じの良い客として買い物
を楽しむため、入店から最後の断り方まで、ネイティブかつスマート
な表現を、お伝えします。

CHECK❶ 入店すぐの声がけを、さらっと防御。

ちょっと見ます（見せてください）

我 看 一 下
wǒ　kàn　yí　xià

「一下」の "ちょっと" という表現で、サクッと
見せてほしいというニュアンスが加わります。
さらに、「先」の "ひとまず" という意味を加え
るとベターです。

ちょっとぶらっと見せてください

我 先 逛 一 下
wǒ　xiān　guàng　yí　xià

你 有 需 要 幫 忙 嗎？ → 沒 關 係，我 先 逛 一 下
nǐ　yǒu　xū　yào　bāng　máng　ma　　　měi　guān　xī　　wǒ　xiān　guàng　yí　xià

何かお探しですか？

大丈夫です、ちょっとぶらっと見せてください。

你 要 找 什 麼 呢？
nǐ　yào　zhǎo　shén　me　ne

※語尾に「謝謝」をつけると
より、丁寧な印象になります。

CHECK❷ 試してもいい？ を聞く。

試着、試食、試飲、試聴、試用と、それぞれの言葉はありますが、共通して
使える言い方はこちら。「試試」と二回重ねることで上記の「一下」と近い、
"ちょっと""サクッと" のニュアンスが出ます。
そして、「試してみる」というような意味になる「看」を使うと、『試してもい
いですか？』という言葉になります。

可 以 試 試 看 嗎？
kě　yǐ　shì　shì　kàn　ma

ちょっと試してみてもいいですか？

日本語で要らないと思っても、「要りません」と直接言わない断り方があるように、華語にも遠回しな表現があるのです。

ちょっと考えます。
我 再 考 慮 一 下
wǒ zài kǎo lǜ yí xià

ひとまず結構です。
我 先 不 用 了
wǒ xiān bú yòng le

田中的 ポイント

関連語

いらっしゃいませー
歡 迎 光 臨
huān yíng guāng lín

ありがとうございましたー
謝 謝 光 臨
xiè xie guāng lín

台湾の店員は
フリースタイル!?

台湾のコンビニやスーパー、雑貨店でも、店員が機嫌悪いのかな…と思うことがしばしばありました。日本では「お客さんは神様」という言葉がありますが、台湾では客も店員も平等があたり前。日本人にとっては「え、なんでそんな態度悪いの?」って最初は慣れないかもしませんが、それは台湾人のノリなので慣れていきましょう。あと会計時、特に1000元紙幣を支払うと紙幣の角度を変えて偽札じゃないか確認するのもよくある風景。これはあなたのことを疑っているのではなく、偽札がたまにあるための店側の習慣です。ここまではまだ受け入れられるかもですが、一番"あり得ない!"と思う光景は、レジのところでご飯を食べていたり、店員同士仲良くお話をしていたり。個人店になればなるほど、フリースタイルな店員を見かける確率が高いです。でも接客はちゃんとしてくれるから問題はありません。

73

便利商店
biàn lì shāng diàn

コンビニ編

♯ 石を投げれば、コンビニに当たる

日本以上にコンビニの多い台湾。同じ通りにコンビニが軒を連ねる光景も珍しくなく、"石を投げればコンビニに当たる"とも言われるほど。最も多いのは、日本でもお馴染みのセブンイレブン。圧倒的に多いため、「コンビニ＝セブン」と呼ぶことも。そのほか、台湾発のローカルコンビニは2店舗「**Hi-Life / 萊爾富便利商店**」「**OK MART / OK超商**」があります。コーヒー、宅配サービス、ネットショッピング商品受け取り、チケット発券、なんと最近ではビールサーバーがあったり…とサービスが増えたため、「最近のコンビニ店員は超忙しい」と言われています。

関連単語 ● 店舗名

セブンイレブン
Seven 小七
xiǎo qī

ファミリーマート
全家
quán jiā

OK MART
OK 超商
chāo shāng

Hi-Life
Hi-Life 萊爾富便利商店
lái ěr fù biàn lì shāng diàn

関連単語 ● コンビニ定番商品

おにぎり
飯糰
fàn tuán

サンドウィッチ
三明治
sān míng zhì

弁当
便當
biàn dāng

パン
麵包
miàn bāo

アイスクリーム
冰淇淋
bīng qí lín

お菓子
零食
líng shí

ドリンク
飲料
yǐn liào

ビール
啤酒
pí jiǔ

日本のコンビニとは違う！
台湾のホットスナックを食べてみましょう。

コンビニならではのホットスナック。台湾のコンビニに入ると嗅いだことのない
独特のにおいがします。それはホットスナックの定番「茶葉蛋」のにおいです。

茶葉煮卵
茶葉蛋
chá yè dàn

ゆで卵の殻に、ひびを入れてから
茶葉や醤油、香辛料とともに煮
込んだ卵料理。

日本式おでん
關東煮
guān dōng zhǔ

関東煮、つまり日本式のおでん
のことですが、日本の出汁味と、
ピリ辛の麻辣味があります。

台湾煮込み
滷味
lǔ wèi

野菜、肉類、練り物を、台湾式
で煮込んだ総称「滷味」と呼びま
す。夜食に最高。

ホットドッグ
熱狗
rè gǒu

ホットドッグ…"あつい犬"と、
そのまま中国語にして「熱狗」。
ソーセージやソースはセルフ式。

肉まん
肉包
ròu bāo

お馴染みの中華まん。お肉や海
鮮、野菜、デザート系など、色々
な種類があります。

焼き芋
烤地瓜
kǎo dì guā

小腹がすいたときにおすすめ。
台湾のコンビニ焼き芋は、クオリ
ティーが高いんです。

台湾版 Suica「悠遊カード」のチャージは、
コンビニでもできます。

電車に乗れて、買い物もできる便利なカード。旅行でも1枚持っていると安心です。

| 自分 | → | 店員 | → | 自分 |

チャージしたいです
我要加值
wǒ yào jiā zhí

いくら必要ですか？
要加多少？
yào jiā duō shǎo

100元
100塊
yì bǎi kuài

(田中的 ポイント)

イートインスペース
用餐區
yòng cān qū

イートインスペースが充実！
カフェより人も少なく、快適!?

どこかで休憩しようと思ったとき、カフェだけがその選択肢ではありません。
人気のカフェだと人も多いし、ちょっとした休憩だけならイートインスペースが
おすすめです。日本のコンビニより広々と快適な店舗が多く、昼時などを除けば、
人も少なくカフェに行くよりも快適かも!?

chǎo 超級市
場の略
shì

＃ コスパ良し、ローカルスーパーに買い出しへ

地元の暮らしが垣間見れることができるスーパーマーケット。華語ではスーパー
を意味する「超級」、マーケット「市場」で略して「超市」と呼びます。台湾で最
も多い店舗数をほこるのは、「全聯」。元々は半官半民企業の公務員生協であり、
現在は台湾に 1000 店舗ある台湾最大手です。
そのほか、24 時間営業の店もあるので、お土産を買いたい時にも便利です。

関連単語 ●店舗名

全聯 (全聯福利中心)
quán lián

家樂福
jiā lè fú

関連単語 ●スーパーの主な販売商品

野菜
蔬菜
shū cài

果物
水果
shuǐ guǒ

肉
肉
ròu

魚
魚
yú

牛乳
牛奶
niú nǎi

豆乳
豆漿
dòu jiāng

水
水
shuǐ

米
米
mǐ

カップラーメン
泡麵
pào miàn

調味料
調味料
tiáo wèi liào

スイーツ
甜點
tián diǎn

是非買って欲しい
おすすめスーパーのアイテム

乖乖
guāi guāi

商品名の「乖乖」は、"いい子いい子"という意味で、台湾の昔ながらのスナック菓子。

小泡芙
xiǎo pào fú

老舗食品メーカー「義美」の、小さなシューの中にクリームが入ったお菓子。

濃湯
nóng tāng

台湾クノール「康寶」の、インスタントスープ。特におすすめは、本場の味が楽しめる「酸辣湯」。

醬油膏
jiàng yóu gāo

台湾朝ごはんの定番「蛋餅」や肉料理など、台湾では万能だれとして愛用されている「とろみ醤油」。

鹽酥雞椒鹽粉
yán sū jī jiāo yán fēn

どんな揚げ物もこれをかけると台湾の味になる通称「魔法の粉」。スーパーで販売されています。

火鍋湯底
huǒ guō tāng dǐ

特に冬の時期に色々な味の「湯底」がスーパーに並ぶ。お湯で溶かすコンパクトなタイプもます。

乾拌麵
qián bàn miàn

台湾のカップラーメンの中でも特におすすめなのが、汁なしの袋麺シリーズ。

美乃滋
měi nǎi zī

台湾のマヨネーズは、日本のマヨネーズと違って甘くて酸っぱくないのが特徴。

茶葉蛋滷包
chá yè dàn lǔ bāo

台湾コンビニの定番「茶葉蛋」の、自宅で簡単に作れるティーバッグ型の商品。

（お菓子の商品名）
「いい子いい子！」

乖乖
guāi guāi

台湾の、とあるスナック菓子を
電子製品の上におけば、壊れない!?

おすすめのスナック菓子としても紹介した「乖乖」。理由は味だけではありません！「いい子いい子」というこの縁起のいい名前にかけて、パソコンや機械に置くと壊れないという、台湾の巷で有名なおまじないがあります。これは必ず緑のパッケージを選び、名前を書く欄に記入をして、パソコンや電子機械の上に、表向きに置くことで効果があるそうです。また、一度置いた「乖乖」は食べてはいけないというルールまであります！

藥妝店
yào zhuāng diàn

ドラッグストア編

コンビニよりもお買い得！
薬から美容系、雑貨まで色々揃います

台湾の代表的なドラッグストアは2つ。
台湾発「康是美（COSMED）」と香港発の「屈臣氏（Watsons）」。そのほか、
「日薬本舗」という台湾発の日本の商品を中心に販売するお店も。
「寶雅（POYA）」というお店は、コスメや薬だけではなく、日用品や文具まで幅
広い商品が売っていて、個人的には好きなお店。

関連単語	● 店舗名

COSMED（コスメド）

康是美
kāng shì měi

Watsons（ワトソン）

屈臣氏
qū chén shì

POYA（ボーヤ）

寶雅
bǎo yǎ

関連単語	● 商品ジャンル

化粧品

化妝品
huà zhuāng pǐn

生活用品

生活用品
shēng huó yòng pǐn

ヘルスケア

健康護理
jiàn kāng hù lǐ

ヘアケア

頭髪護理
tóu fǎ hù lǐ

薬

藥品
yào pǐn

スキンケア

肌膚護理
jī fū hù lǐ

ヘルスフード

保健食品
bǎo jiàn shí pǐn

バスケア用品

沐浴用品
mù yù yòng pǐn

CHECK！

生活用品のあれこれ。
必要なものだけ覚えましょう。

歯ブラシ	歯磨き粉	風邪薬	頭痛薬	マスク
牙刷	牙膏	感冒藥	頭痛藥	口罩
yá shuā	yá gāo	gǎn mào yào	tóu tòng yào	kǒu zhào

アルコールシート	コンタクトレンズ保存液	目薬
酒精擦	隱形眼鏡保養液	眼藥水
jiǔ jīng cā	yǐn xíng yǎn jìng bǎo yǎng yì	yǎn yào shuǐ

生理用品	絆創膏	石鹸	ボディーソープ	シャンプー
衛生棉	OK繃	香皂	沐浴精	洗髮精
wèi shēng mián	bèng	xiāng zào	mù yù jīng	xǐ fǎ jīng

コンディショナー	クレンジング	洗顔クリーム	化粧水
潤髮乳	卸妝乳	洗面乳	化妝水
rùn fǎ rǔ	xiè zhuāng rǔ	xǐ miàn rǔ	huà zhuāng shuǐ

フェイスマスク	保湿クリーム	日焼け止めクリーム	リップクリーム
面膜	保濕凝露	防曬乳	護唇膏
miàn mó	bǎo shī níng lù	fáng shài rǔ	hù chún gāo

 田中的 ポイント

薄荷棒
bò hé bàng

**台湾映画で発見、謎の
「スースーする棒」がお気に入り**

台湾映画を見ていたとき、劇中のチンピラがお酒を飲みながら、ポケットから
ある物を取り出し、目の当たりやこめかみに塗っているのが気になりました。台
湾の薬局で探すとその正体は「薄荷棒」という台湾で昔からある文字通り薄荷
のスティック。レトロなデザインも可愛く、名付けて「スースーする棒」。劇中の
チンピラのように目の周りやこめかみなどに塗るとスースーする一品。見た目以
上に効き目はすごいので塗りすぎにはご注意。また最近では取り扱いのない
お店も増えているので、見かけたら是非手にとって見てください。そのほか類
似の商品として「綠油精 lǜ yóu jīng」と「白花油 bái huā yóu」もおすすめ。こちら
は爽快感のある万能アロマオイル。こちらも台湾土産の定番商品です。

雑
ざ
貨
か
店
てん

雑貨屋編

♯ 台湾のローカル雑貨を物色しよう

個人的にもおすすめしたいスポットが、地元の生活雑貨屋。台湾で一番店舗数が多い「小北百貨」は、フロアごとに生活用品があり、ブラブラするだけでも楽しいです。大型生活雑貨店もあれば、夜市や街の小道の生活雑貨屋、金物屋を意味する「五金行」と書かれたお店もあります。雑貨屋では、店内の放送や店員と客との会話、その他、商品の**POP**などなど、見て、聞いて、買い物しながら学べることが、とても多いです。

生活雑貨店
生 活 百 貨
shēng huó bǎi huò

個人店ホームセンター
（金物屋）
五 金 行
wǔ jīn háng

関連単語 ● 大型生活雑貨店

小北百貨
xiǎo běi bǎi huò

勝立生活百貨
shèng lì shēng huó bǎi huò

金興發生活百貨
jīn xìng fā shēn ghuó bǎi huò

関連単語 ● 雑貨のジャンル

お土産
伴手禮
bàn shǒu lǐ

文房具
文具
wén jù

日用品
日用品
rì yòng pǐn

雑貨
雜貨
zá huò

CHECK! 日用品

サンダル	網バッグ		雨傘	レインコート
拖鞋	阿嬤袋 / 茄芷袋		雨傘	雨衣
tuō xié	ā mà dài	jiā zhǐ dài	yǔ sǎn	yǔ yī

タオル	春節用の飾り紙	グラス	電鍋	タンブラー	充電器
毛巾	春聯	玻璃杯	電鍋	隨行杯	充電器
máo jīn	chūn lián	bō lí bēi	diàn guō	suí xíng bēi	chōn gdiàn qì

CHECK! 雑貨

ハガキ	ステッカー	バッジ	ワッペン	コースター	キーホルダー
明信片	貼紙	徽章	繡片	杯墊	鑰匙圈
míng xìn piàn	tiē zhǐ	huī zhāng	xiù piàn	bēi diàn	yào shi quān

スマートフォンケース	財布	ポスター	カレンダー
手機殼	錢包	海報	月曆
shǒu jī ké	qián bāo	hǎi bào	yuè lì

CHECK! 文房具

鉛筆	ボールペン	万年筆	シャープペン	ノート
鉛筆	圓珠筆	鋼筆	自動鉛筆	筆記本
qiān bǐ	yuán zhū bǐ	gāng bǐ	zì dòng qiān bǐ	bǐ jì běn

消しゴム	ハサミ	マスキングテープ	ハンコ	付箋
橡皮擦	剪刀	紙膠帶	印章	便利貼
xiàng pí cā	jiǎn dāo	zhǐ jiāo dài	yìn zhāng	biàn lì tiē

田中的 ポイント

ホコリをかき分け出会う魅惑の 「ゴミシュラン」の世界

蚤の市
跳蚤市場
tiào zǎo shì chǎng

リサイクルショップ
二手百貨
èr shǒu bǎi huò

台湾の、特に地方や田舎に行くと見かける、やってないようでやっている、おばちゃん1人居眠りしているような雑貨屋。こういうお店には台北などの大型店では見つからないような代物が眠っています。そういう雑貨は大抵ほこりを被っていることが多く、それを僕は「ゴミシュラン」と呼んでいます。また日本でいう蚤の市やリサイクルショップも要チェックです。日本にはない色彩やキッチュなアイテムがザックザク。そんな一期一会も、台湾の雑貨屋巡りのおもしろさです。

服裝店
fú zhuāng diàn

♯台湾の地のものを着ると、
気分もなんだか変わります

旅先で、その土地の服を買うのが好きです。その土地で売っているものを着ると
なんだか気分も変わるからです。台湾発の代表的な店と言えば、「NET」。
最近の台湾は、日本や欧米のファストファッション (「快時尚」) が定番になって
いて、日本の「UNIQLO」や「GU」、そのほか「ZARA」、「H&M」なども多数。
また、「無印 MUJI」の衣料品は昔から人気です。

関連単語	● ファッションにまつわる単語

服
衣服
yī fú

ファッション
時尚
shí shàng

流行っている
流行
liú xíng

ブランド
品牌
pǐn pái

ファストファッション
快時尚
kuài shí shàng

チェーン店
連鎖店
lián suǒ diàn

ポップアップ店
快閃店
kuài shǎn diàn

古着屋
古著店
gǔ zhuó diàn

日本系
日系
rì xì

韓国系
韓系
hán xì

欧米系
歐美系
ōu měi xì

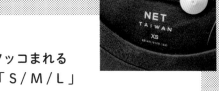

洋服のアイテム、これってなんて言う？

帽子	イヤリング	メガネ	指輪
帽子	耳環	眼鏡	戒指
mào zi	ěr huán	yǎn jìng	jiè zhǐ

Ｔシャツ	シャツ	ポロシャツ	上着	ジャケット	パーカー
Ｔ恤	襯衫	POLO 衫	上衣	夾克	連帽衫
t xù	chèn shān	polo shān	shàng yī	jiá kè	lián mào shān

スカート	ミニスカート	ロングスカート	ズボン	短パン	長ズボン	ジーンズ
裙子	短裙	長裙	褲子	短褲	長褲	牛仔褲
qún zi	duǎn qún	cháng qún	kù zi	duǎn kù	cháng kù	niú zǎi kù

ワンピース	スーツ	アウター	カバン	靴下	靴
洋裝	西裝	外套	包包	襪子	鞋子
yáng zhuāng	xī zhuāng	wài tào	bāo bāo	wà zi	xié zi

服屋で使える「有〇〇嗎？」で、簡単リクエスト

有 新 的 嗎？
yǒu xīn de ma

新しいのありますか？

有 大 一 點 的 嗎？
yǒu dà yì diǎn de ma

もう少し大きいのありますか？

有 別 的 顏 色 的 嗎？
yǒu bié de yán sè de ma

別の色のありますか？

 田中的ポイント

サイズ

尺 寸
chǐ cùn

大きさ

大 小
dà xiǎo

台湾人にツッコまれる日本人の「S / M / L」

よく台湾でツッコまれるのが日本人の和製英語の発音。特に服屋さんなどで使うことが多いサイズの言い方。日本人は「エス・エム・エル」と言いますが、台湾人は英語の発音をするため、『エルって何!? エルォでしょ！』みたいにツッコんでくるので要注意。

書店 shu diàn

本屋/書店編

＃アジア最大の本屋で過ごす時間

台湾の書店と言えば、東京・日本橋にも 2020 年にオープンした「誠品書店」が
挙げられます。台湾全土はもちろん、香港や中国にも店舗を広げ、まさにアジア
最大級の書店。本だけではなく「誠品生活」というライフスタイルのための総合
デパートもあり、暮らしの定番品を販売しています。
また近年では、ネット書店も増え、台湾のアマゾンとも言われる「博客來」や
「TAAZE 讀冊」も暮らしに根付いています。
そのほか、台湾各地に「獨立書店(個人経営の書店)」や「二手書店(古本屋)」も
増えています。

関連単語	● 大型書店の書店名 / 書店のジャンル

誠品生活 /
誠品書店
誠品
chéng pǐn

TSUTAYA
蔦屋
niǎo wū

金石堂書店
金石堂
jīn shí táng

紀伊国屋書店
紀伊國屋
jì yī guó wū

Books.com
博客來
bó kè lái

古本屋
二手書店
èr shǒu shū diàn

独立書店
獨立書店
dǔ lì shū diàn

ネット書店
網路書店
wǎng lù shū diàn

花蓮の独立書店「時光二手書店」

CHECK！ 本のジャンル / カテゴリ

本	雑誌	漫画	旅行ガイドブック	ライトノベル
書	雜誌	漫畫	旅遊書	輕小說
shū	zá zhì	màn huà	lǚ yóu shū	qīng xiǎo shuō

絵本	芸術	建築	文学	デザイン
繪本	藝術	建築	文學	設計
huì běn	yì shù	jiàn zhù	wén xué	shè jì

写真	映画	コンピューター	ファッション	ビジネス
攝影	電影	電腦	流行時尚	商業
shè yǐng	diàn yǐng	diàn nǎo	liú xing shí shàng	shāng yè

住居／住まい	レジャー
居家	休閒
jū jiā	xiū xián

誠品書店敦南店

敦南誠品
dūn nán chéng pǐn

田中的ポイント

深夜の誠品で、青春の記憶

誠品書店は、「24時間営業書店」としても台湾人にとっては特別な場所です。

かつては敦南店で24時間営業をしていましたが、2020年に閉店をし、現在は信義店がその役目を引き継いでいます。（2023年12月まで。その後別店舗での24時間営業を予定）

特に、約20年間24時間営業を続けた敦南店への思い入れは強く、台湾のある友人は、「高校時代に家出をしたとき誠品で夜を明かしました」「眠れないときはよく誠品に行って読書をした」など、青春の記憶を話してくれました。

誠品書店の光景と言えば、皆自由に小上がりの数段の階段に腰をかけたり、角地の壁に座って本を読む姿。この"座りこみ"に憧れて、よく夜中に敦南店で過ごしました。すると友人とたまたま出会ったり。それも今では懐かしい思い出です。

ゴガクを口にする

食べる・飲める台湾華語

雑貨店やスーパー以上に、コミュニケーションが必要となる飲食店。お決まりのフレーズもあれば、ローカルルールも。でも、難しく考えず、サラッと注文ができるように、身につけていきましょう。

まずは入店時、「持ち帰り」かどうか

持ち帰りができるご飯屋（朝ごはん屋や一般的なご飯屋など）では、まず、必ずと言っていいほどこのフレーズを聞かれます。ゆっくりと聞かれるのならまだ良いのですが、超高速。最初は聞き取れなくても、どちらかを伝えましょう。

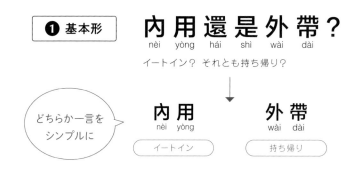

❶ 基本形

内 用 還 是 外 帶 ？
nèi yòng hái shì wài dài

イートイン？ それとも持ち帰り？

どちらか一言を
シンプルに

内 用
nèi yòng
（ イートイン ）

外 帶
wài dài
（ 持ち帰り ）

❷ 応 用 　 省略 ／ 言い換え

内 用 外 帶 ？
nèi yòng wài dài

内 用 還 是 帶 走 ？
nèi yòng hái shì dāi zǒu

在 這 裡 吃 還 是 帶 走 ？
zài zhè lǐ chī hái shì dài zǒu

※受け手の返事は、上記のどちらかで問題ありませんが、店側の聞き方で、「内用」は、
「在這裡吃？（ここで食べますか？）」で
「外帶」は、「帶走（持ち帰りますか？）」という言い方になる場合もあるので、注意！

席に余裕がある場合は、イートインと伝えたら「お好きな席に座ってー」とそのまま入らせてくれますが、人気店や混み合ってる場合は、人数を聞かれます。このフレーズは、シンプルなため聞き取りやすいですが、「内用」と言って安心した後、不意をつかれる可能性もあります。着席までが入店です、ご注意を。

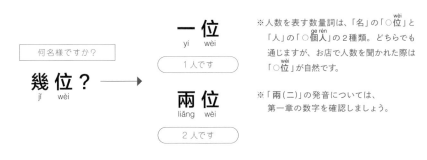

何名様ですか？

幾 位 ？
jǐ　wèi

一 位
yī　wèi

1人です

兩 位
liǎng　wèi

2人です

※人数を表す数量詞は、「名」の「○位」と「人」の「○個人」の2種類。どちらでも通じますが、お店で人数を聞かれた際は「○位」が自然です。

※「兩（二）」の発音については、第一章の数字を確認しましょう。

レストランや、居酒屋、鍋屋などは「内用還是外帯？」ではなく、予約をしているかどうかを聞かれます。ひとまず入店時に聞かれる「予約していますか？」のフレーズとその返事だけでも、覚えておきましょう。

予約はされていますか？

有 預 約 嗎 ？
yǒu　yù　yuē　ma

有 訂 位 嗎 ？
yǒu　dìng　wèi　ma

沒 有
méi　yǒu

していません

有
yǒu

我 是 田 中
wǒ　shì　tián　zhōng

しています

田中です

人気店ともなれば行列は必須です。行列店は人気の証で、行列があるお店にさらに並ぶ台湾人。列に並んでいると聞かれるフレーズがこちらです。

並んでいますか？

有 排 隊 嗎 ？
yǒu　pái　duì　ma

有
yǒu

並んでいます

入口にドアがなく、そのまま入れるお店など、店員がいて何かの作業をしているけれど、お店が営業中かどうかわからないときは、このように伝えましょう。

まだ営業していますか？

還 有 嗎？
hái　yǒu　ma

有
yǒu
やってますよ

打 烊 了
dǎ　yáng　le
閉店しました

＃話さなくてもいい！ オーダーシートの書き方

台湾の「小吃店 (一般的なご飯屋)」では、お店のレジ近く、または各テーブルの上にオーダーシートが置いてあり、そこへ書き込んで注文するのが主流です。
メニューの説明などは後のページで確認してもらい、まずはオーダーシートの書き方を紹介します。食べたいものだけではなく、自分の座ってるテーブルには番号が書いてあるので、そちらも忘れずに記入しましょう。

自分のテーブル番号を書く。
食べたいものは正の字で。
テーブルの人数を書く。

桌號：14　　人數：1

品　名	單價	數量	小計	品　名	單價	數量	小計
鮮肉大餛飩湯	70			炸醬麵	60		
菜肉大餛飩湯	75			溫州涼麵	60		
蝦肉大餛飩湯	80	一		香辣老虎麵	70		
花枝大餛飩湯	80			溫州抄手麵	90		
紫菜三絲湯	50			菜肉抄手麵	95		
鮮肉大餛飩麵	80			蝦肉抄手麵	100		
菜肉大餛飩麵	85			花枝抄手麵	100		
蝦肉大餛飩麵	90			麻醬紅油抄手	鮮肉	70	
花枝大餛飩麵	90				菜肉	75	
榨菜肉絲麵	75				蝦肉	80	
乾拌麵	60				花枝	80	
麻醬麵	60			各式小菜	30		

各項麵點加大20元，請您填妥點餐數量後，交給服務人員。
我們將盡速為您送餐，謝謝您！
祝您用餐愉快！　　合計：

＃ 口頭でのオーダーも
コツを掴めば超シンプル

朝ご飯屋も、一部オーダーシートのお店もありますが、口頭で注文する
お店が多数あります。また、カフェや夜市でも、口頭での注文になります。
オーダー自体は簡単でも、あのザワザワとした雰囲気、店員からの視線、
列の後方からの圧力（気のせい）からどうしてもテンパりがち。ここでは、
少しでもそれらを和らげるためのポイントも含め、基本的なオーダーのや
り方を紹介します。

CHECK❶　レジ前では、無言にならない。

自分の番になり、メニュー表などを見て何にしようかなと考えていると、
「ご注文いかがしますか？」などと聞かれます。その時、無言ではなく、
次のフレーズを言えば、"考え中"という意思表示になります。

考え中…（万能）

我 要 ...
wǒ　yào

食べ物／物全般を1つ…

我 要 一 個 ...
wǒ　yào　yí　ge

飲み物系を一杯…

我 要 一 杯 ...
wǒ　yào　yì　bēi

CHECK❷　2つ目のオーダーの際の、「あと〜／それと〜」。

チェック❶と理由は同じく、注文の品が複数になる場合、日本語でも
「あとは〜／それと〜」と言うように、以下のフレーズを言うと、自分の
ペースでオーダーできます。

あとは …

然 後 ...
rán　hòu

（食べ物／物全般を1つ追加）

再 一 個 ...
zài　yí　ge

（飲み物系を一杯追加）

再 一 杯 ...
zài　yì　bēi

※ 2つ目以後の注文の時は、ネイティブはこのように「再一個／再一杯」を使います。

CHECK❷　「以上で。」これが言えたら、超ネイティブ！

さぁ、オーダーもそろそろ大詰め。最後に、以下のフレーズを言えたら完璧です。

以上で。

這 樣 就 好 / 就 這 樣
zhè　yàng　jiù　hǎo　　jiù　zhè　yàng

以上でよろしいでしょうか？

這 樣 就 好 嗎 ?
zhè　yàng　jiù　hǎo　ma

と相手から
聞かれることも。

＃ 会計時 、早口＆省略の
金額聞き取りへ挑みます

飲食店の最初の壁が、値段の聞き取りです。コンビニや雑貨店の会計とは違い、口頭の金額の聞き取りは、慣れるまで結構大変です。さらに、早口＆省略することが多いので、最初のうちは先に自分で計算しておいて、その答え合わせのような感覚でリスニングをすると、覚えやすいかもしれません！

「お会計」の言い方は2パターン

お会計をお願いします。

❶ **買 單**
mǎi　dǎn

❷ **結 帳**
jié　zhàng

※ 特に、ご飯屋などでの会計の時は
　どちらか言いやすい方を言えればOK

いくらですか？

多 少 錢？
duō　shǎo　qián

※ ネイティブは「多少？」と
　簡潔に言うことも多いです

CHECK❶ 数字の省略。

夜市など、カジュアルな場所を中心に、買い物の際に会計金額を省略することが多く、聞き取りには注意が必要です。

例） **150元** の場合… 本来は「yì bǎi wǔ shí」ですが、「yì bǎi wǔ」と10の桁を省略します。そのため「105？」と勘違いをすることも。仮に、「105」の場合は「yì bǎi líng wǔ」と100（yì bǎi）のあと「05」（líng wǔ）となります。

380元 の場合… 「sān bǎi bā」

465元 の場合… 「sì bǎi liù shí wǔ」と省略せずにそのまま。1の桁がゼロでなければ、省略はしません。

CHECK❷ 会話中の通貨単位に、注意。

台湾の通貨はニュー台湾ドル。口語表現として「台湾元」は「台幣 tái bì」と
なります。通貨単位の「元 yuán」は会話の中だと「塊 kuài」になることが
よくあります。

例） 200元 の場合… **兩百塊**
　　　　　　　　　　liǎng bǎi kuài

CHECK❸ 先払いか、代金引換払いか、後払いかを確認しておく。

台湾ではお店によって、オーダーの際に計算して先払いのところもあれば、
オーダーしたものがテーブルに運ばれたときに支払う場合、または、食事
を済ませお店を出る時に支払うの3種類があります。先払いのお店には店
内に「請先付款（先払いをお願いします）」と書いてありますが、それを探し
ている余裕などありませんよね。絶対ではないですが、どのようなお店が
どのパターンになることが多いか、まとめておきます。

　　先払い … 口頭で注文するお店
　　　　　　　（朝ご飯屋、ドリンクスタンド、夜市で着席をしない屋台）

代金引換払い … ほとんどありませんが、深夜やっているお店や
　　　　　　　　スタッフの少ない個人店

　　後払い … ほとんどのご飯屋はこのパターン

日本とは違う台湾ご飯屋の、ローカル作法

ラフな雰囲気の中にも、ローカルなルールや作法があります。日本とは違う台湾のご飯屋の雰囲気やノリを掴むことで、より一層、食べる味も美味しく感じられるはずです。

ルールその❶
「相席」が基本

空いてる席からどんどん座って、さっと食事を済ませるのが基本です。その場合は無言で座るより、先客に一言断りを入れると◎

ルールその❷
愛想より効率。
基本は無言、でも怒っていません

日本では、客に対して愛想をよくするのが当たり前のため、台湾に行くとなんでそんなに機嫌が悪いの?と思うほどです。しかし決してそれは、台湾人の愛想が悪いのではありません。もちろん、愛想のいい人も中にはいますが、文化の違いを理解しましょう。

ルールその❸
「食器」等は、自分で取ってきます

食器は、ほとんどの場合店内のどこかにまとめて置いてあるので、必要な分だけ、自分で取りに行きましょう。ティッシュは店の壁に掛かっているのをよく見かけます。

ルールその❹
オーダーシートは、
自分で持っていきます

書き込んだオーダーシートを書き終えたら、手の空いてる店員を見つけて手渡しましょう。店員は取りに来てくれません。

ルールその❺
飲み物は、堂々持参OK

水は、提供されないので、持参した飲み物を飲みましょう。一部のお店では、飲み物お茶が多い)がセルフサービスで置いてありますが激甘…。ちなみに台湾人は食事は、あまり水やお茶を飲まず、その代わりにスープを飲む習慣があります。

田中的 ポイント

これが出来たら台湾人!
スマートなテーブルマナー

ティッシュ
衛生紙
wèi shēng zhǐ

これは是非ともやってほしい、台湾式テーブルマナーです。着席したら、我先にと皿と箸を人数分取りに行きましょう。テッシュも取って皿と箸を拭きます。決して食器が汚いからではないのですが(たまに水滴などがついている)、再度自分たちで食器を拭くことが台湾では習慣化しています。一緒に来た台湾人の友人がいたら、その人の分も率先して拭いてあげましょう。

小 xiǎo
吃 chī
店 diàn

庶民的ご飯屋 / 食堂 編

♯ 台湾の食文化を支える、多種多様な「小吃店」

外食文化が根強い台湾には、大小様々なご飯屋があります。そして、「小吃店」
が台湾の食文化を作っていると言っても過言ではありません。この店を一言で表
現するのは難しいですが、「小吃店」はひとりで "手早く食べられるご飯屋" です。
一方で、ゆっくり話をしながら食事をするレストランは、「餐廳 cān tīng」と呼ば
れています。

CHECK❶　　小吃店の基本。

小吃店では、主菜と副菜、スープもメニューに入っていて、一緒に頼むのが一般
的です。台湾の食文化でご飯にスープは付き物。また「小菜」と呼ばれる副菜はま
とまって置いてあることが多く、欲しいものは自分で取ります。さらに、店内の至る
ところに張り紙や看板にお店の良さをアピールする文言、支払いに関することなど
が書かれている場合も多いので、見渡してみましょう。

関連単語　　● ご飯屋 / 食堂

メニュー	席番号	ティッシュ	ソース / タレ
菜單	卓號	衛生紙	醬料
cài　dān	zhuó　hào	wèi　shēng　zhǐ	jiàng　liào

小皿のおかず	食器	箸	コップ
小菜	餐具	筷子	杯子
xiǎo　cài	cān　jù	kuài　zǐ	bēi　zǐ

レンゲ（スプーン）	お皿	お碗（取り皿用）
湯匙	盤子	小碗
tāng　chí	pán　zi	xiǎo　wǎn

関連単語	● 店のアピール表現

昔ながらの味
古早味
gǔ zǎo wèi

伝統
傳統
chuán tǒng

手作り
手工
shǒu gōng

手頃価格
平價
píng jià

関連単語	● 店内のよく見る張り紙

先払いでお願いします
請先付款
qǐng xiān fù kuǎn

現金のみ
只收現金
zhǐ shōu xiàn jīn

売り切れ
已售完
yǐ shòu wán

飲食物の持ち込みは
ご遠慮ください
勿帶外食
wù dài wài shí

CHECK ❷ 緊張しない店員の呼び方。

「小吃店」では、店員が注文を取りに来ません。自らオーダーシートを渡しにいきます。小さなお店だと調理しながら注文も取って、会計もして、と忙しく働いています。声をかける場合は、下記のいずれかを使いましょう。

不好意思
bù hǎo yì sī
すみません

スタンダードな言い方はこちら。店内が騒がしいことも多いので、勇気を出して大声で。

老闆
lǎo pǎn
オーナーさん

店のオーナーや経営者のことを意味する言葉。
「小吃店」でも、個人経営のお店ではこう呼ぶこともできます。ちなみに女性に対しては、「老闆娘 lǎo bǎn niáng」を使うと good！

哈囉哈囉
hā luō hā luō
ハローハロー

挨拶編で出てきた「哈囉」を使うことができます。
台湾人の会話を聞いてると、二回繰り返す人も多いです。
（詳しくは→ P.58　#え！「你好」「再見」は使わない）

店員からの嬉しい気遣いセリフ
お返しは「謝謝〜！」で。

台湾の「小吃店」は愛想よりも効率重視なので、無言でテキパキ（日本人からすると愛想が悪く見える？）と動いていますが、その中でも愛想よく話しかけてくれるところももちろんあります。どんなことを話しかけてくれているのでしょう。よく言われるのはこちらです。

注文シートを渡した時

馬 上 來
mǎ　shàng　lái

すぐに（お作りします）

料理を持ってくる時

來
lái

どうぞ〜

讓 你 久 等 了
ràng　nǐ　jiǔ　děng　le

お待たせしてごめんね

請 慢 用
qǐng　màn　yòng

どうぞごゆっくり
お召しあがりください

小 心 燙
xiǎo　xīn　tàng

熱いので
お気をつけてください！

店選び、メニュー選び
困ったらこの文字を探そう。

たくさんある「小吃店」の中から、店を選びのは一苦労です。そして、いざ入店しても料理の中から何がおすすめなのか…。メニュー選びも大変。そこで、選ぶ基準となるキーワードを紹介します。

お店選び

元祖
正 宗
zhèng　zōng

老舗
老 店
lǎo　diàn

店名なし
無 名
wú　míng

> 相当な自信の表れか、店名を付けずに売っているメニューだけが書いてあるお店は当たりが多い!?

メニュー選び

看板商品
招 牌
zhāo　pái

おすすめ
推 薦
tuī　jiàn

クラシックな
經 典
jīng　diǎn

田中的 ポイント

台湾では、あんまり小籠包を食べない!?

台湾と言えば小籠包！ですが、意外にも台湾人はあまり小籠包を食べません。厳密に言うと、日本人や外国人ほど好んで食べようとしません。そもそも小籠包は上海料理で、台湾で発展をして世界的な有名店「鼎泰豐」のおかげで、「小籠包＝台湾」になりましたが、高級料理のため普段の日常食とは違います。また、水餃子やワンタンなど、近い料理のクオリティが高い＆手頃という理由もあり、日常的にはよくそちらを食べています。

小籠包

小 籠 包
xiǎo　lóng　bāo

ご飯系

嘉義名物
ジーローファン
雞 肉 飯
jī   ròu   fàn
※塩茹でされた鶏肉

ルーローファン
（北部の言い方）
魯 肉 飯
lǔ   ròu   fàn
※脂身を含んだ
　豚の細切れ

角煮ご飯
控 肉 飯
kòng   ròu   fàn

高雄名物
アヒルのお肉
鴨 肉 飯
yā   ròu   fàn

ルーローファン
（南部の言い方）
肉 燥 飯
ròu   zào   fàn
※ミンチ状の豚肉

骨付き豚ばら肉
排 骨 飯
pái   gǔ   fàn

鶏の足
雞 腿 飯
jī   tuǐ   fàn

台湾おこわ
油 飯
yǒu   fàn

チャーハン
炒 飯
chǎo   fàn

チャーハンの主な種類 / 具材

えび	五目	細切り肉
蝦 仁	什 錦	肉 絲
xiā rén	shí jǐn	ròu sī

麺　系

煮込んだ
牛肉入り麺
牛 肉 麵
niú   ròu   miàn

スープあり
（湯 麵）
tāng   miàn

鰹出汁の効いた
ソーメンスープ
麵 線
miàn   xiàn

サンラータン麺
酸 辣 湯 麵
suān   là   tāng   miàn

スープなし
（乾 麵）
qān   miàn

豚ひき肉の
甘辛ソースの
汁なし麺
炸 醬 麵
zhá   jiàng   miàn

ワンタン麺
餛 飩 麵
hún   dùn   miàn

そぼろ肉の入ったさっぱりと
した出汁麺

台湾版
冷やし中華
涼 麵
liáng   miàn

ゴマだれ麺
麻 醬 麵
má   jiàng   miàn

肉団子が入った
とろみのあるスープ麺
肉 羹 麵
ròu   gēng   miàn

台南名物
ちぢれ麺
意 麵
yì   miàn

シンプルな
中華そば
陽 春 麵
yáng   chūn   miàn

米でできた
短いうどん
米 苔 目
mǐ   tái   mù

南部の呼び方
擔 仔 麵
dān   zǎi   miàn

北部の呼び方
切 仔 麵
qiè   zǎi   miàn

ビーフン炒め
炒 米 粉
chǎo   mǐ   fěn

スープ系

卵スープ
蛋花湯
dàn huā tāng

肉だんごスープ
貢丸湯
gòng wán tāng

魚つみれスープ
魚丸湯
yú wán tāng

たけのこスープ
筍子湯
sǔn zi tāng

豚の血を固めたレバー
のようなもののスープ
豬血湯
zhū xiě tāng

とりのモツスープ
下水湯
xià shuǐ tāng

豚肉団子の
とろみスープ
肉羹湯
ròu gēng tāng

サンラースープ
酸辣湯
suān là tāng

サンラースープ
米粉湯
mǐ fěn tāng

漢方薬とモツを煮込んだ
薬膳スープ
四神湯
sì shén tāng

台湾式激甘味噌汁
味噌湯
wèi zēng tāng

大根と骨つき肉の
スープ
蘿蔔排骨湯
luó bo pái gǔ tāng

包 系		小籠包		

小籠湯包
xiǎo lóng tāng bāo

肉餡を
でんぷんで
蒸しあげたもの

水餃子	蒸し餃子	焼き餃子	台湾の角煮饅	

水餃　蒸餃　鍋貼　割包　肉圓
shuǐ jiǎo　zhēng jiǎo　guō tiē　グァバオ　バーワン

小 菜	※小皿の副菜

豚のミミガー　干し豆腐千切りと　歯ごたえ
　　　　　　　キュウリの冷菜　しっかりめの湯葉

豬耳朵　涼拌干絲　豆皮
zhū ěr duo　liáng bàn gān sī　dòu pí

干し豆腐

豆干
dòu gān

小魚とピーナッツの
ピリ辛炒め　　　　　キムチ　　　昆布　　　ヘチマ

小魚花生　泡菜　海帶　絲瓜
xiǎo yú huā shēng　pào cài　hǎi dài　sī guā

99

＃1日の始まりは、朝ご飯を食べに行こう

台湾の魅力の1つとして挙げたいのが、朝ご飯屋。日本の朝ご飯は、家で食べることが多いため、"朝ご飯屋"というジャンルはありません。そのため、台湾の朝ご飯屋は台湾らしい朝の景色を感じさせてくれます。心地よい朝、サンダルを履いて、近所の朝ご飯屋に出かけてみましょう。

CHECK❶ 台湾の朝の定番は「お粥」じゃない!?

お粥は、香港式のお店で食べるものです。朝ご飯屋の基本は3種類で、台湾スタイルか洋食のお店、もしくはそのミックスです。また、台湾スタイルのお店には「豆漿店」(豆乳屋さん)として、夜から翌午前まで営業するお店もあります。

関連単語	● 朝ご飯屋

朝ご飯
早餐
zǎo cān

朝ご飯屋
早餐店
zǎo cān diàn

豆乳屋
豆漿店
dòu jiāng diàn

洋食
西式
xī shì

台湾式（中華式）
台式(中式)
tái shì zhōng shì

ミックス式
中西式
zhōng xī shì

朝ご飯の定番 | ● 台湾式

鹹豆漿に
ひたパン
するのが◎

おかずの豆乳スープ
鹹豆漿
jiǎn dòu jiāng

台湾式玉子巻き
クレープ
蛋餅
dàn bǐng

筒状のもち米
おにぎり
飯糰
fàn tuán

揚げパン
油條
yóu tiáo

大根もち
蘿蔔糕
luó bo gāo

肉まん
肉包
ròu bāo

蒸しパン
饅頭
mán tóu

外側パリっとした
台湾式ナン
燒餅
shāo bǐng

ニラの包み焼き
韭菜盒
jiǔ cài hé

焼き餃子
鍋貼
guō tiē

目玉焼き
荷包蛋
hé bāo dàn

朝ご飯の定番 | ● 洋式

ハンバーガー
漢堡
hàn bǎo

サンドウィッチ
三明治
sān míng zhì

トースト
吐司
tǔ sī

ホットドッグ
熱狗
rè gǒu

焼きそば
（台湾味）
炒麵
chǎo miàn

ミートソースパスタ
（台湾風）
義大利麵
yì dà lì miàn

朝ご飯の定番 | ● 飲み物

甘い豆乳ドリンク
甜豆漿
tián dòu jiāng

お米とピーナッツの
トロトロドリンク
米漿
mǐ jiāng

紅茶
（砂糖入り）
紅茶
hóng chá

ミルクティー
奶茶
nǎi chá

CHECK❷ メニューの羅列に慣れていこう。

朝ご飯屋は、口頭で直接注文するところ（豆漿店は特に）が多く、メニューが羅列されています。この光景こそ、ザ・台湾の朝ご飯屋の風景。しかし、メニューの多さに最初は驚くかもしれませんが、お店ごとに表記や並びは違えど、置いてあるメニューは同じで、よく見ると、トッピング違いが何個も並んでるものがほとんどです。

関連単語 ● 蛋餅／燒餅などの味やトッピング

プレーン	ミックス	卵トッピング	卵を挟む	チーズ
原味	**綜合**	**加蛋**	**夾蛋**	**起司**
yuán wèi	zòng hé	jiā dàn	jiá dàn	qǐ sī

固焼き目玉焼き	肉フレーク	台湾バジル	ツナ
煎蛋	**肉鬆**	**九層塔**	**鮪魚**
jiān dàn	ròu sōng	jiǔ céng tǎ	wěi yú

ハム	コーン	ベーコン	青菜野菜	ニラ
火腿	**玉米**	**培根**	**蔬菜**	**韭菜**
huǒ tuǐ	yù mǐ	péi gēn	shū cài	jiǔ cài

関連単語 ● ハンバーガーやサンドウィッチの中身

ポークステーキ	ヒレ肉
豬排	**里肌肉**
zhū pái	lǐ jǐ ròu

チキンカツ	スモークチキン	炭火焼きチキン
香雞	**熏雞**	**碳烤雞**
xiāng jǐ	xūn jǐ	tàn kǎo jǐ

白身魚（タラ）	エビ＋肉
鱈魚	**蝦肉**
xuě yú	xiā ròu

102 第二章 実践！台湾華語

関連単語　● トーストやサンドウィッチの中身

ピーナッツ
花生
huā shēng

いちご
草莓
cǎo méi

チョコレート
巧克力
qiǎo kē lì

バター
奶油
nǎi yóu

ココナッツクリーム
椰香奶酥
yé xiāng nǎi sū

ガーリック
香蒜
xiāng suàn

田中的ポイント

**馴染みのお店を作り、
台湾の朝に馴染んでいきます**

近所の行きつけ
我家巷口
wǒ jiā xiàng kǒu

ガイドブック等では、台湾の人気朝ご飯屋がよく紹介されていますが、朝ご飯は"いつもの"お店に通うことをおすすめします。是非、顔見知りになれるよう通って馴染みの店を作ってください。そうすることでメニューも覚えられるし、注文も慣れてきて、ゴガクの練習にもつながります。

珈 kā 琲 fēi 店 diàn

カフェ編

♯ 香りと、言葉に包まれて楽しむ
コーヒータイム

老若男女、カフェは暮らしにとって欠かせない場所。みんなでワイワイお話して
いる人たちや、真剣に話をしている人、テレワークをするビジネスパーソンや学生、
店内で作業をする人、それぞれの「コーヒータイム」があります。

CHECK① 基本的なコーヒーや、その他のメニューを覚えましょう。

「コーヒー」と言っても種類は様々です。まずは、基本的な種類を覚えましょう。
アメリカは「美國」なので"美式"、エスプレッソはイタリア（＝「義大利」）の頭文
字を取って"義式"です。

関連単語 ● コーヒーのメニュー

コーヒー
咖啡
kā　fēi

ブラックコーヒー
黑咖啡
hēi　kā　fēi

アメリカンコーヒー
美式咖啡
měi　shì　kā　fēi

エスプレッソコーヒー
義式咖啡（濃縮咖啡）
yì　shì　kā　fēi　nóng　suō　kā　fēi

ドリップコーヒー
手沖咖啡
shǒu　chōng　kā　fēi

ブレンドコーヒー
特調咖啡
tè　tiáo　kā　fēi

水出しコーヒー
冰滴咖啡
bīng　dī　kā　fēi

関連単語　● 注文に関する用語

Mサイズ
中杯
zhōng bēi

Lサイズ
大杯
dà bēi

アイス
冰的
bīng de

ホット
熱的
rè de

砂糖入り
加糖
jiā táng

ミルク入り
加奶
jiā nǎi

紙コップ
紙杯
zhǐ bēi

マグカップ
馬克杯
mǎ kè bēi

関連単語　● コーヒー以外のメニュー

ラテ
拿鐵
ná tiě

モカ
摩卡
mó kǎ

カプチーノ
卡布奇諾(卡布)
kǎ bù qí nuò kǎ bù

カフェオレ
咖啡歐蕾
kā fēi ōu lěi

マキアート
瑪奇朵
mǎ qí duǒ

スイーツ
甜點
tián diǎn

ケーキ
蛋糕
dàn gāo

ブラウニー
布朗尼
bù lǎng ní

ティラミス
提拉米蘇
tí lā mǐ sū

パンケーキ
鬆餅
sōng bǐng

ベーグル
貝果
bèi guǒ

アイスクリーム
冰淇淋
bīng qí lín

プリン
布丁
bù dīng

クッキー
餅乾
bǐng gān

さて、いよいよ注文。アメリカンやラテなどのメニューに関しては以下
の通り。豆の産地や味の好みを伝えて、会話も楽しみましょう。

ご注文は？

你 要 點 什 麼 ？
nǐ　yào　diǎn　shí　me

アメリカンを一杯ください。

我 要 一 杯 熱 的 美 式
wǒ　yào　yì　bēi　rè　de　měi　shì

Mサイズですか？ Lサイズですか？

中 杯 還 是 大 杯 ？
zhōng bēi　hái　shì　dà　bēi

Mサイズ

中 杯
zhōng bēi

(店員におすすめを聞きたい場合)

我 想 喝 深 焙 , 有 推 薦 的 嗎 ？
wǒ　xiǎng　hē　shēn　béi　yǒu　tuī　jiàn　de　ma

深煎りを飲みたいのですが、おすすめはありますか？

CHECK !

コーヒーの味の表現を覚えよう。
台湾は比較的、浅煎りを好む傾向にあり？

浅煎り

淺 焙
qiǎn　béi

中煎り

中 焙
zhōng　béi

深煎り

深 焙
shēn　béi

酸っぱい

酸 的
suān de

苦い

苦 的
kǔ　de

PREMIUM
ROASTING

有。咖啡特選單品手沖咖啡

淺焙	衣索匹亞·耶加雪菲·巧貝谷 (水洗) 檸了/白桃/蜂蜜/柏酒	180/杯 230/壺
	◆ 衣索匹亞·西達摩·烏拉喔·蔷花 (蜜處理) 洛醇/水蜜桃/鳳梨/紅茶	180/杯 230/壺
	◆ 衣索匹亞·西達摩·蜜橘甜心 (厭氧日曬) 水蜜桃/玫瑰/葡萄/芒果	180/杯 230/壺
	◆ 肯亞·抹茶山·青嵐AB Top (肯亞式水洗) 檸花/小紅莓/黑李/黑糖	180/杯 230/壺
	◆ 瓜地馬拉·安提瓜·花神 (水洗) 原糖/口感厚實/日式烘焙	180/杯 230/壺
	◆ 哥倫比亞·考卡·翡翠莊園·熱伐 (水洗) 橙手柑/杏桃/紅莓/李子	180/杯 230/壺
	◆ 哥斯大黎加·塔拉珠·聖十字 (日曬處理) 鳳梨/百香果/哈蜜瓜/甘蔗	180/杯 230/壺
中焙	Blend·不知道要咖啡什麼都不想喝卻要幾瘋的黑咖啡 不酸/不苦/順口/尾韻回甘/整體滑性/耐人口	180/杯 230/壺
中深	瓜地馬拉·安提瓜·花神 (水洗) 原糖/口感厚實/日式烘焙	180/杯 230/壺
特調	咖啡歐蕾·Cafe' au lait 金黃式手沖義式咖啡+牛奶	180/杯

【本店單品得為日本格澜淋沖煮，可選擇Kono點滴式或金澤式沖煮】
每人基本消費一杯飲料／店內禁用外食
有。咖啡 coffee roasters est. 2012

高雄 [Rruyo Coffee (有。咖啡)] のメニュー表

CHECK❸ 台湾のコーヒー店の選び方。

LOUISA
（ルイサ）
路易莎
lù yì shā

個人的にも愛用している台湾発のチェーン。コーヒーも手頃な値段で、広い店内と机、電源、WiFi 全て完備で長居ができます。

カマ カフェ
cama cafe

安価ながらも本格的なコーヒーが飲めるカフェ。店内は狭いのでテイクアウトで美味しいコーヒーを飲みたい人におすすめ。

85 度 C
85 度 C
bā shi wǔ　dù

スイーツやパンが充実しているコーヒーショップ。南部や郊外に多く、広いテラス席で、のんびりしたいときにおすすめ。

Mr Brown
伯朗咖啡
bó lǎng kā fēi

髭のおじさんのキャラクターが目印のコーヒーショップ。缶コーヒーメーカーでもあり。

スターバックス
星巴克
xīng bā kè

リノベーションされた特別店舗や、店舗限定の商品などもあります。台湾一の店舗数。

コメダ
客美多
kè měi duō

日本でお馴染みのコメダコーヒーも、店舗数が増えています。コメダといえばのモーニングは台湾でも健在。

（田中的 ポイント）

ネイティブなコーヒーの注文、「中冰美」とは？

これぞネイティブなコーヒーの頼み方をここで伝授します。 普通であれば、「アメリンカンください」と言った後で、「ホットですか？アイスですか？」「サイズは？」と聞かれるところをたった一言で済ませちゃう、優れものです。

サイズ ＋ ホット or コールド ＋ メニュー

（中杯 / 冰的 / 美式）
中 冰 美
zhōng　bīng　měi

（中杯 / 熱的 / 美式）
中 熱 美
zhōng　rè　měi

（大杯 / 冰的 / 拿鐵）
大 冰 拿
dà　bīng　ná

※「拿鐵」(ラテ) の意味

107

ドリンクスタンド編

＃ 台湾に、タピオカ屋はありません

数年前、一世風靡した台湾ドリンク「タピオカミルクティー」。でも実際、台湾の街中にあるのは、タピオカミルクティー屋ではなく「ドリンクスタンド」です。ドリンクスタンドの基本はお茶の販売。そこに、フレーバーやタピオカを含むトッピングメニューがあり、その組み合わせの１つが「タピオカミルクティー」なのです。

| 関連単語 | ●ベースのお茶の種類 |

紅茶	ミルクティー	緑茶	半発酵茶	ウーロン茶	ジャスミン茶
紅茶	奶茶	緑茶	青茶	烏龍茶	茉莉花茶
hóng chá	nǎi chá	lǜ chá	qīng chá	wū lóng chá	mò lì huā chá

冬瓜を黒糖で煮詰めた甘いお茶	プーアル茶	鉄観音茶	アッサムティー	アールグレイ
冬瓜茶	普洱茶	鐵觀音	阿薩姆	伯爵茶
dōng guā chá	pǔ ěr chá	tiě guān yīn	ā sà mǔ	bó jué chá

| 関連単語 | ●フレーバー |

レモン	パイナップル	キンカン	はちみつ	ヤクルト	グレープフルーツ	パッションフルーツ
檸檬	鳳梨	金桔	蜂蜜	多多	葡萄柚	百香果
níng méng	fèng lí	jīn jú	fēng mì	duō duō	pú táo yòu	bǎi xiāng guǒ

関連単語 ● トッピング

小さめの タピオカ	大きめの タピオカ	ナタデココ	台湾にのみ自生する クワ科イチジク属の植物「愛玉子」のゼリー
珍珠 zhēn zhū	**波霸** bō bà	**椰果** yé guǒ	**愛玉** ài yù

シソ科の植物を 使った漢方ゼリー		プリン	アロエ
仙草 xiān cǎo		**布丁** bù dīng	**蘆薈** lú huì

CHECK❶ 甘さと氷の量を注文前に決めておく。

台湾のドリンクスタンドは、甘さと氷の量を聞いてくれます。レジ前で
どうするかを考えるかより、事前に組み合わせを決めてから、注文に進
むとスムーズです。

甘さ(砂糖の量) **甜度** tián dù

普通	70%	50%	30%	0%
正常 zhèng cháng	**少糖** shǎo táng	**半糖** bàn táng	**微糖** wéi táng	**無糖** wú táng

氷の量

普通	少なめ	ほんの少し	氷なし
正常 zhèng cháng	**少冰** shǎo bīng	**微冰** wéi bīng	**去冰** qù bīng

例)

甘さも氷も、どちらも「正常」(普通) の場合…

※どちらも正常で。
都＝全て

都 正常
dōu zhèng cháng

例)

甘さが「半糖」、氷が「少冰」(少なめ) の場合…

半 糖 少 冰
bàn táng shǎo bīng

●「鮮奶茶」と「奶茶」の違い
xiān nǎi chá　　nǎi chá

台湾のミルクティーには2種類あり、**奶茶**は粉末のミルク、**鮮奶茶**は牛乳（生乳）を使用しています。

● 飲みたいのは、どっちのタピオカ？

タピオカは大きさによって、呼び方が違います。小さめが「珍珠」、1cm以上のものが「波霸」です。店によっては1種類に絞って「珍珠」としているところもあります。

●「珍珠」も「波霸」も、メニューにない？
zhēn zhū　　bō bà

「珍珠」の本来の意味は、真珠。そのため、タピオカを表す「粉圓 fěn yuán」と書く店も多数あります。また「粉條 fěn tiáo」は、さつま芋粉製の短い麺状のもので、歯ごたえがあっておもしろい食感です。

● メニューにある「翡翠」ってなに？
fěi cuì

翡翠のように、青みがかった緑色からこの名前がついた、上級の緑茶のことです。

注文のシリーズでおそらく一番長い会話になるのが、ドリンクスタンド。ただ、質問の順番はほぼ同じなので、甘さ、氷の量、サイズを事前に決めておけばOK。

例）

ご注文は？

❶ 你要點什麼呢？
nǐ yào diǎn shí me ne

タピオカミルクティーを1つください

⟶ 我要一杯波霸奶茶
wǒ yào yì bēi bō bà nǎi chá

甘さと氷の量は？

❷ 甜度冰塊呢？
tián dù bīng kuài ne

氷少なめの砂糖半分で

⟶ 少冰半糖
shǎo bīng bàn táng

Mサイズですか？
それともLサイズですか？

❸ 中杯還是大杯？
zhōng bēi hái shì dà bēi

Mサイズで

⟶ 中杯
zhōng bēi

以上でよろしいですか？

❹ 這樣就好嗎？
zhè yàng jiù hǎo ma

以上で

⟶ 這樣就好
zhè yàng jiù hǎo

50元です。

❺ 這樣 50
zhè yàng wǔ shí

わかりました（お金を支払う）

⟶ 好的
hǎo de

(田中的ポイント)

ドリンクスタンドの人気店を紹介

50嵐
wǔ shí lán
安定の50嵐、迷ったらココ。
この看板を見ると、台湾に来たなと思うほど大定番。

茶の魔手
chá zhī mó shǒu
台湾南部で人気の高い、店名もインパクト大のお店。
お茶のメニューも豊富でコスパ良し。

貢茶
gòng chá
日本でも大人気の、高雄発のお店。「茶」の部分を
2声（P.25）にするだけでネイティブ感。

清心福全
qīng xīn fú quán
1987年に創業し、台湾に900店舗を展開する、
台湾人おなじみの店。

迷客夏
mí kè xià
新鮮な牛乳「鮮奶」を使った、ミルクティーやタロイ
xiān nǎi
モミルクが人気。

可不可
kě bù kě
台中発紅茶専門のドリンク店。人気商品は白タピオ
カを使った「白玉歐蕾」。
bái yù ōu lěi

樂法
lè fǎ
フルーツ系のドリンクが人気。中でも、りんごのメ
ニューが豊富です。

龜記
guī jì
緑に赤色の亀のマークが目印のお店。
おすすめのドリンクは「紅柚翡翠」「紅文旦緑茶」。
hóng yòu fěi cuì   hóng wén dàn lù chá

紅茶洋行
hóng chá yáng háng
個人的に、よく行くお店。一リットルの大杯で、なん
と30元（130円くらい）。安い！

速 su
食 shi
店 dian
快 kuài
餐 can
店 dian

養生會館

♯ 台湾人も大好きなファストフードは 日本と何が違いますか？

台湾にも、日本でお馴染みのファストフードチェーンが各地にあります。日本と見た目は同じ店でも、台湾オリジナルのメニューがあったりするので、一度は立ち寄ってみるのもおもしろいです。

CHECK❶ あの店は、台湾だとこんな名前。

台湾での各店名は漢字の当て字。普段の会話の中でもそれが使われるので、「え、マイダンラロ…全然マクドナルドじゃないじゃん」と突っ込みたくなります。

マクドナルド
麥當勞
mài dāng láo

ケンタッキー
肯德基
kěn dé jǐ

バーガーキング
漢堡王
hàn bǎo wáng

モスバーガー
摩斯漢堡
mó sī hàn bǎo

ミスタードーナツ
統一多拿滋
tǒng yī duō ná zī
※英語で言うことも多い

CHECK❷ タッチパネルでオーダー。

ファストフードでの注文が大変で苦労した思い出もありますが、最近は多くの店舗でタッチパネル式のオーダーになったため、楽になりました。

関連単語	●オーダー			
単品	セット	軽食メニュー	ワンコインセット	デリバリー
單點 dān diǎn	**套餐** tào cān	**輕鬆點** qīng sōng diǎn	**銅板餐** tóng bǎn cān	**外送** wài sòng

関連単語	●定番商品名			
ハンバーガー	ビーフバーガー	チキンバーガー	ポテト	フライドチキン
漢堡 hàn bǎo	**牛堡** niú bǎo	**雞腿堡** jī tuǐ bǎo	**薯條** shǔ tiáo	**炸雞** zhà jī
チキンナゲット	サラダ	アップルパイ	シェーク	
雞塊 jī kuài	**沙拉** shā lā	**蘋果派** píng guǒ pài	**奶昔** nǎi xí	
コーンスープ	オニオンリング	ドーナツ		
玉米濃湯 yù mǐ nóng tāng	**洋蔥圈** yáng cōng quān	**甜甜圈** tián tián quān		

田中的ポイント

頂呱呱　丹丹漢堡
dǐng guā guā　dān dān hàn bǎo

台湾オリジナルショップで珍メニューを

是非とも行って欲しい、台湾オリジナルのファストフード店があります。1つは1974年にオープンした、フライドチキンチェーンの「**頂呱呱**」。おすすめは「**呱呱包** gūa gūa bāo」。もち米、豚肉、しいたけを、鶏肉で包んで油で揚げたオリジナルの商品。

2つ目は、台南や高雄など、台湾南部限定のハンバーガーチェーン「**丹丹漢堡**」。一番の特徴として、ハンバーガー屋にもかかわらず、そうめんスープ「**麵線** miàn xiàn」がメニューに。しかもクオリティーが高いのです。

甛品店
tián pǐn diàn
デザート屋編

♯ 食後の別腹、デザートは必須！

台湾人と夕食を食べると、最後は「デザート食べに行こう」と必ずなります。かき氷屋に、豆花屋、ぜんざい屋など、日本人の好みにもピッタリな、台湾式デザートを味わいましょう。

CHECK① デザート屋のラインナップ。

台湾式のデザートは、基本のメニューにトッピングを加えて注文するのが、一般的です。また、店名自体がその店のおすすめ商品です。まずは、基本的な台湾デザートのラインナップを、ぜひ覚えましょう。

雪花冰

雪 花 冰
xuě　huā　bīng
台湾式ミルクかき氷
（ふわふわ）

雪花冰

挫 冰
ツアービン
日本のかき氷に近い
（ガリガリ）

挫冰

豆 花
dòu　huā
ほのかな甘さの豆腐プリン

燒 仙 草
shāo　xiān　cǎo
見た目はコーヒーゼリーのような生薬「仙草」ゼリー。冬は温かくして食べます

紅 豆 湯
hóng　dòu　tāng
小豆ぜんざい。
日本のよりもサラサラ

豆花

湯 圓
tāng　yuán
台湾の冬の風物詩、白玉団子で餡を包み、温かいシロップに浸して食べる台湾式ぜんざい

CHECK❷　好みのトッピングを覚えましょう。

あずき	ピーナッツ	緑豆	タピオカ	リュウガン
紅豆	**花生**	**緑豆**	**粉圓**	**桂圓**
hóng dòu	huā shēng	lǜ dòu	fèn yuán	guì yuán

タロイモ	芋団子	ハトムギ	大麦	オーギョーチ
芋頭	**芋圓**	**薏仁**	**麥角**	**愛玉**
yù tóu	yù yuán	yì rén	mài jiǎo	ài yù

 田中的 ポイント

湯圓
tāng yuán

台湾の冬至は、「湯圓」

旧暦の24節気の1つ「冬至」は、台湾でも大事な1日です。この日は「一家団欒、円満」を象徴する「**湯圓**」を食べて、家族の万事円満を願います。人気の湯圓屋は、その日は大行列で、スーパーにも普段以上に「**湯圓**」コーナーが大きく取られたり、賑わいます。

伝統的な「**湯圓**」は紅白の中身なしのものですが、中身にピーナッツや黒胡麻ペーストが入ったものや、最近ではキャラメル味やチョコレート味などの変わり種まで。またおかず用の「**湯圓**」もあり、その中はお肉が入っています。

水果店
shuǐ guǒ diàn

フルーツ屋編

♯ フルーツ大国台湾、毎日食べなきゃ損！

気候と地理的条件に恵まれた台湾では、一年を通してフルーツが楽しめます。スーパーはもちろん、夜市、そしてフルーツ専門店も街中にあり、"食後には必ずフルーツを"というほど台湾人にとってフルーツは欠かせない存在。台湾ならではのフルーツを、ぜひ台湾滞在中に味わいましょう！

CHECK❶ 台湾の定番フルーツの名前。

スイカ	ライチ	キウイ	パイナップル	りんご
西瓜 xī guā	**荔枝** lì zhī	**奇異果** qí yì guǒ	**鳳梨** fèng lí	**蘋果** píng guǒ

レモン	マンゴー	ぶどう	桃	いちご
檸檬 níng méng	**芒果** máng guǒ	**葡萄** pú táo	**水蜜桃** shuǐ mì táo	**草莓** cǎo méi

みかん	クランベリー	パッションフルーツ	バナナ
橘子 jú zi	**蔓越莓** màn yuè méi	**百香果** bǎi xiāng guǒ	**香蕉** xiāng jiāo

メロン	ドラゴンフルーツ	パパイヤ	梨
哈密瓜 hā mì guā	**火龍果** huǒ lóng guǒ	**木瓜** mù guā	**梨子** lí zi

116

CHECK②　日本で馴染みのない台湾ならではのフルーツ。

蜜棗
mì zǎo

インドナツメ。青リンゴを小さくしたような形。サクサクと中身がジューシー、ビタミンCが豊富

芭樂
bā lè

グァバ。台湾で一年を通して食べられ、味はあっさり、ビタミンC豊富で健康にも良し

蓮霧
lián wù

レンブ。ほんのり酸味と甘味の合わせた味で、シャリっとした歯ごたえが楽しめます

龍眼
lóng yǎn

リュウガン。見た目や形状は小さなライチのようで、果皮は黄みがかっており、ライチとは違いスベスベ

釋迦頭
shì jiā tóu

バンレイシ。見た目がお釈迦様の頭に似ていることから、こう呼ばれています

　田中的ポイント

フルーツ店で見かける
台湾独自の単位、「斤」に注意

斤
jīn

ある時、町のフルーツ屋で、大好きな火龍果が大きな張り紙に「70元/每斤」と書いてありました。"え、1キロ70元！"と飛びついて一個買うと、結果は150元。え、なんでと思ったけれど、「斤」は600gを意味し、この場合は「600gで70元」でした…。ちなみに1キログラムの単位は「公斤」と書くので注意しましょう。

熱 rè
炒 chǎo

台湾式居酒屋編

♯ 台湾式居酒屋 " 熱炒 " で、宴を始めよう！

炒め物を中心に、家庭料理とお酒を楽しめる居酒屋。居酒屋ならではの
メニュー、台湾ビール、加えて賑やかな地元の雰囲気がたまりません。

CHECK❶ 定番メニュー。

ゆで豚のピリ辛にんにく
ソースかけ
蒜泥白肉
suàn ní bái ròu

ショウガモツ炒め
薑絲大腸
jiāng sī dà cháng

空芯菜の炒めもの
空心菜
kōng xīn cài

胡麻油、米酒、
醤油を使った鶏肉料理
三杯雞
sān bēi jī

ピータンと
サツマイモの葉炒め
皮蛋地瓜葉
pí dàn dì guā yè

辛みのある鶏肉と
ピーナッツ炒めもの
宮保雞丁
gōng bǎo jī dīng

瓜の葉の料理
龍鬚菜
lóng xū cài

パイナップル入り
海老マヨ
鳳梨蝦球
fèng lí xiā qiú

タコの口のフライ
鹽酥龍珠
yán sū lóng zhū

切り干し大根の
卵焼き
菜脯蛋
cài pú dàn

スルメと豚と豆腐の醤
油炒め
客家小炒
kè jiā xiǎo chǎo

ハマグリと生姜スープ
蛤蜊薑絲湯
gé lí jiāng sī tāng

塩卵とゴーヤ炒め
苦瓜鹹蛋
kǔ guā xián dàn

水蓮の炒め物
清炒水蓮
qīng chǎo shuǐ lián

※注文表に、「正の字」を書くため、
発音に自信がなくても構いません

(**お酒／ドリンク**)　　　（そのほかの言い方）

ビール
啤酒
pí jiǔ

台湾ビール
台啤
tái pí

台湾ビールの
メーカー名
金牌
jīn pái

賞味期限18日の
特別な台湾ビール
十八天
shí bā tiān

フルーツフレーバーの
ビール
水果啤酒
shuǐ guǒ pí jiǔ

オレンジジュース
柳丁汁
liǔ dīng zhī

りんごサイダー
蘋果西打
píng guǒ xī dǎ

台湾コーラ
黑松沙士
hēi sōng shā shì

アスパラジュース
蘆筍汁
lú sǔn zhī

ウーロン茶
烏龍茶
wū lóng chá

ダイエット茶
分解茶
fēn jiě chá

CHECK② " 熱炒通 "になれる、熱炒的常識。

❶ お酒や飲み物は自分で冷蔵庫に取りに行く

お酒や飲み物はセルフサービス。お会計時には瓶やペットボトルを数えるため、近くにまとめて置いておきましょう

❷ 乾杯は一気飲みの意味!?

小さめのグラスを使って瓶ビールが台湾式。また、台湾では「乾杯」の都度、一気飲みをします（飲み干さなくてもいい）。そのため、並々と注がず 6 〜 7 分目くらいまで

❸ ビールの押し売りには気をつけよう

「熱炒」では、よくビールの銘柄のロゴマークの入った、セクシーな服を着ているお姉さんが、店員とは別にいます。この人たちは、ビールの売り子。マイナーな銘柄のビールを薦めるのがお仕事です

❹ 物乞いや物売りが、普通に店内にやってくる

店員も特に注意しないので、声をかけてきたら、断れば大丈夫。「不用」と、一言伝えるくらいが良いです

CHECK③ 熱炒に来たらぜひ、「18 天」ビールを。

台湾では、瓶ビールが一般的。お馴染み「台湾ビール」は、スタンダードなものと「經典」と書かれた少し苦めのもの、さらに「18 天」と書かれた種類が。「18 天」は、直訳すると賞味期限 18 日のことで、新鮮さを是非飲み比べてみましょう。

 田中的ポイント

台湾人はあまりお酒を飲まない !?

酔っ払う
喝 醉
hē zuì

二日酔い
宿 醉
sù zuì

とても意外かもしれませんが、台湾人はあまりお酒を飲みません。こんなことを言うと台湾人からは「いやいや、そんなことない」と言われるかもしれませんが、実際台湾に来ると、お酒を飲む機会が一気に減ります。台湾にはお酒を飲まない（飲めない）理由があります。

日本だと特に、友人と晩御飯の際食事と一緒にお酒を飲むことがありますが、台湾人は「ご飯を食べるお店はご飯」、夜市も同じくご飯を食べにいくところなのです。お酒を飲むのは熱炒や BAR などシチュエーションが日本に比べて限られています。そして台湾はバイク文化の根強い国。そのため友人たちと一緒に熱炒に行っても飲めない人も多いです。実際まちや電車でも日本のように泥酔している人はほとんど見かけません。

ちなみに二日酔いのことは「酔いが宿る」と書いてこのように表現します。

＃ 食と娯楽の、屋外共同スペース

夜市は、台湾全土の各地域に、大小様々あります。賑やかな雰囲気から、
「毎日祭やってるの？」と思ってしまいますが、台湾の日常の風景。ごはん
はもちろん、衣料品や雑貨、そしてゲームに美容など、暮らしを支える
屋外マーケットです。

CHECK❶ 夜市はハシゴが基本。

夜市の楽しみ方は、ちょっとずつ食べ歩きできるところ。
見たことのない食べ物も、ちょっと食べてみると新たな発見が！

胡椒の効いた豚肉と ねぎの肉あんのパン包み	中華風おやき	台湾式甘めの ソーセージ	豚肉ソーセージと もち米ソーセージ包み
胡椒餅 hú jiāo bǐng	**蔥油餅** cōng yóu bǐng	**香腸** xiāng cháng	**大腸包小腸** dà cháng bāo xiǎo cháng

BIGサイズの から揚げ	台湾式 鉄板ステーキ	牡蠣オムレツ	発酵豆腐を 揚げたもの	ソーメンスープ
雞排 jī pái	**牛排** niú pái	**蚵仔煎** オーアージェン	**臭豆腐** chòu dòu fú	**麵線** miàn xiàn

肉汁たっぷりの 焼き小籠包	鶏肉や野菜などを唐揚げた 台湾ジャンクフード	鶏肉や野菜を 白タレ和えたおつまみ	台湾風おでん	たこ焼き
生煎包 shēng jiān bāo	**鹹酥雞** jián sū jī	**鹽水雞** yán shuǐ jī	**魯味(滷味)** lǔ wèi	**章魚小** zhāng yú xiǎo

甘いもの

台湾カステラ	サツマイモボール	りんご飴の トマト飴版	もち米を揚げて 砂糖をまぶした揚げ餅
現烤蛋糕	地瓜球	糖葫蘆	白糖粿
xiàn kǎo dàn gāo	dì guā qiú	táng hú lú	bǎi táng guǒ

ピーナッツアイスクリーム クレープ	ドーナツ
花生捲冰淇淋	甜甜圈
huā shēng juǎn bīng qí lín	tián tián quān

CHECK❷　夜市でのシンプル注文を覚えよう。

夜市での注文は、教科書に載っているフレーズよりもっと、シンプルな
言葉をネイティブは使っています。

値段を聞く

一人前は「**一份** yí fèn」。「**一個** yí ge」でも通じま
すが、一人前に何個も入っているものがあるので、
「**一份** yí fèn」がベターです。

これは一人前いくらですか？

（基本の文章）

這個一份多少錢？
zhè ge yí fèn duō shǎo qián

（シンプルな文章）

一份多少？
yí fèn duō shǎo

注　文　**我要一份**　一人前ください。
wǒ yào yí fèn

さらにリクエスト

「**不要○○**」で嫌いなものは事前に伝えましょう。またお
店側から「**要不要辣?**（辛くしますか？）」と聞かれること
もあります。

※嫌いなものは、事前に伝えましょう

辛くしないでください

不要加辣
bú yào jiā là

パクチーは要りません

不要香菜
bú yào xiāng cài

バジル抜きでお願いします

不要九層塔
bú yào jiǔ céng tǎ

ねぎを抜いてください

不要蔥
bú yào cōng

121

夜市のおもしろいところは、ご飯や雑貨屋だけではありません。ゲームや台湾らしい美容、マッサージのお店があり、そんなごちゃ混ぜ感が、たまりません。

夜市ゲーム

ビール瓶立てゲーム
吊 酒 瓶
diào jiǔ píng

BB弾で風船を割るゲーム
BB槍 / 空 氣 槍
qiāng kōng qì qiāng

ダーツ
射 飛 鏢
shè fēi biāo

麻雀ビンゴ
麻 將 賓 果
má jiāng bīn guǒ

スマートボール
彈 珠 檯 / 打 彈 珠
dàn zhū tái dǎ dàn zhū

UFOキャッチャー
夾 娃 娃
jiá wá wá

輪投げ
套 圈 圈
tào quān quān

エビ釣り
釣 蝦
diào xiā

金魚すくい
撈 魚
lāo yú

夜市美容

足裏マッサージ
腳 底 按 摩
jiǎo dǐ àn mó

糸を使った産毛取り
挽 臉
wǎn liǎn
※挽面や拔臉とも呼びます

足の皮むき
刮 腳 皮
guā jiǎo pí

カッサ
刮 痧
guā shā

ネイル
美 甲
měi jiǎ

そのほか

スクラッチ
刮 刮 樂
guā guā lè

占い
算 命
suàn mìng

叩き売り
叫 賣
jiào mài

CHECK❷ 定番からお薦めまで、夜市紹介。

定番の観光夜市 台 北

士林夜市
shì lín yè shì

台湾最大規模の
定番観光夜市

寧夏夜市
níng xià yè shì

市内中心部にあり
人気

饒河夜市
ráo hé yè shì

台北市の三大夜
市のひとつ

師大夜市
shī dà yè shì

台湾師範大学の
目の前にあります

おすすめローカルエリア夜市 台 北

景美夜市
jǐng měi yè shì

観光客の少ない
ローカルな暮らしの中の夜市

南機場夜市
nán jī chǎng yè shì

地元民からも人気の
通好みの夜市

興南夜市
xīng nán yè shì

東南アジアのお店も
多い個性派夜市

そのほか
各地の
代表的夜市

高 雄 **六合夜市**
liù hé yè shì
高雄で最も有名な
観光夜市

台 中 **逢甲夜市**
féng jiǎ yè shì
台湾全国でも最大
級の１つです

台 南 **花園夜市**
huā yuán yè shì
大きな空き地に様々な
屋台が集まるスタイル

田中的ポイント

露店を出す
擺 攤
bǎi tān

台湾の露店文化、それは日常の風景

夜市の出店を含め、露店を出すことを意味する「擺攤」という言葉。日本以上に台湾では、この「擺攤」が暮らしに密着しています。

日本では内と外の境界線がしっかり引かれ、『ここは公の場所、ここからはプライベートの空間』という感覚がはっきりしています。一方台湾では公と私の境界線が緩く、外でも自分の空間や領域を作るのが上手。固定した店舗を持たずに流動的に商売を行う「擺攤」という考えや価値観が強く、夜市もそんな露店が一箇所に集合し、日常的に商売をするみんなの共有空間なのです。

123

＃ 意外と寒い台湾の冬は、「鍋」で乗り切ります

特に北部を中心に、12月から2月くらいにかけては寒い台湾の冬。最も鍋を食べたくなる季節がやってきます。

「鴛鴦鍋（おしどりなべ）」という、仕切りで二つに分かれた鍋を使って2つの味をみんなで食べたり、1人鍋屋もあったりと、ほかにも知られていないものも多数。台湾の鍋文化は、日本以上にとてもバラエティー豊かです。

CHECK❶ みんなで食べたくなる定番鍋。

「火鍋」という文字を見ると、辛そうな印象を持ちますが、火を使った鍋全般全てのことを、「火鍋」と呼びます。台湾のみんなが愛する、代表的鍋の種類を紹介します。

麻 辣 火 鍋
má　là　huǒ　guō
痺れと絡みの中国・四川味の鍋

酸 菜 白 肉 鍋
suān　cài　bái　ròu　guō
酸っぱい白菜の漬け物を使った、
中国東北地方生まれの発酵鍋

石 頭 火 鍋
shí　tóu　huǒ　guō
ごま油炒め。一度炒めた具材に、
スープを淹れて煮込む、台湾ご当地鍋

薑 母 鴨
jiāng　mǔ　yā
台湾や中国福建省で馴染みの深い、
生姜たっぷりのあったかアヒル鍋

羊 肉 爐
yáng　ròu　lú
漢方薬や米酒などと一緒に煮込まれた、
柔らかいヤギ肉の鍋。「羊」と書きますがヤギのこと

CHECK❷ 台湾人の一年中の日常食、「一人鍋」。

真夏にクーラーを、ガンガンにかけて食べる人も多い、台湾の鍋文化。
1人鍋の場合、お肉を頼むと野菜がついてきて、ドリンクやデザートが食べ放題というシステムが一般的。ちなみに、お肉や野菜まで全部食べ放題の「吃到飽（食べ放題）」のお店も、よく見かけます。

日式涮涮鍋
rì shì shuàn shuàn guō

日本式のしゃぶしゃぶ
気軽に野菜もたっぷりで食べられてヘルシー

臭臭鍋
chòu chòu guō

臭豆腐の入った名前からしてインパクト大の鍋。
夜市でもよく見かけます

CHECK❸ 鍋のソースは、自分で配合する。

沙茶醬
shā chá jiàng

台湾の鍋屋は、どんな種類のお店でも、大体はソーススペースがあり、そこでセルフで好きに配合ができます。
台湾料理でもよく使われる「沙茶醬」を覚えておきましょう。ベースはマレーシア料理のサテのソース。日本には無い独特の濃厚な味は、台湾の鍋ソースの定番です。

田中的 ポイント

どのくらいの辛さにしますか？

台湾の辛さのメモリの幅が違います

多辣？
duó là

台湾の火鍋屋をはじめ、辛い食べ物を頼むと、辛さ「不辣 / 小辣 / 中辣 /（大辣）」をどうするかと聞かれます。台湾では「大辣」と書いているところが少なく、MAXが「中辣」。そして、実際食べてみると日本の「中辛」どころではなく、日本では完全に「激辛」のレベル…。台湾の小から中へ上がるだけで1段どころか、何段も上がっているほどです。辛いもの好きの方も、注意が必要です。

乗れる台湾華語

「地下鉄は簡単そうだけど、バスはちょっと難しそうだし…」「タクシーでもっと上手く伝えられたら…」「シェアバイクに乗ってみたいな…」。ここでは、それぞれの想いをかなえるべく必要な言葉やルールをお伝えします。

ますます便利になる台湾の 捷運 [jié yùn] MRT／地下鉄

都市の交通手段の1つといえば、地下鉄。台北、高雄、そして、2021年には台中でも運行を開始しました。台湾では地下鉄のことを、MRTもしくは「捷運」と呼びます。乗車には、交通系カード「悠遊卡」が便利です。

駅構内で見る場所名

プラットフォーム
月台
yuè tái

改札
剪票口
jiǎn piào kǒu

券売所
售票處
shòu piào chù

チャージ機
儲卡機
chú kǎ jī

ロッカー
寄物櫃
jì wù guì

サービスセンター
服務中心
fú wù zhōng xīn

CHECK❶ 「悠遊卡」が絶対便利。

台北MRTは「悠遊卡」、高雄MRTは「一卡通」という名前で販売しています。また、コンビニでは、さまざまなキャラクターやデザインのものが売っています。他にも、「icash」というICカードも販売されていて、どちらを買っても、地下鉄などの交通機関で使用できます。

台北MRT **悠遊卡** yōu yóu kǎ

高雄MRT **一卡通** yì kǎ tōng

優先席

博 愛 座
bó　ài　zuò

優先席は、車内に人がいなくても、
座らないのが台湾の常識

飲食／喫煙禁止

禁 止 飲 食 / 禁 止 抽 煙
jìn　zhǐ　yǐn　shí　　jìn　zhǐ　chōu　yān

タバコ（**抽煙**）が禁止なだけでなく、台湾では地下鉄に限り（在来線や新幹線は除く）、飲食完全禁止。ガムや飴はもちろん、水も禁止です

 田中的ポイント

混み合う車内で、使える一言

ちょっとすみません
（道をあけてください）

借 過 一 下
jiè　guò　yí　xià

朝や夕方の帰宅ラッシュ時は、MRTも満員状態。その際無言ではなく「**借過一下**」と言いながら、道を譲ってもらいましょう。
ぶつかったときは「**不好意思** bù hǎo yì sī」、もしくは英語で「Sorry」もよく使います。

＃ <ruby>公 車<rt>gōng chē</rt></ruby> 市バス を乗りこなそう！

バスの便利さを一度知ると、使わずにはおれません。料金は15～25元とMRTより安く、乗降もスマートフォンなどを使えば、経路も分かり難くありません。

CHECK❶ 乗車と降車時それぞれの注意点。

乗車
<ruby>上 車<rt>shàng chē</rt></ruby>

❶ バス停に着いたら、
　　電光掲示板で乗車したいバスを確認

日本とは違い、右側走行の台湾。よくある間違いで、反対車線の目的地とは逆方向のバスに乗ってしまうこともあるので、十分確認しましょう。

❷ 乗車したいバスには、手をあげよう

乗車の際一番注意したいのがこのポイント。台湾では下車する人がいない限り、停留所で止まらないことが多く、加えて"手をあげない"と止まってくれません。

❸ 前方後方のドア、どちらからでも乗車 OK！

前方後方のドアで、悠遊カードをかざして乗車します。ただカードを持っていない場合は、現金を入れるところが運転席の横にしかないので、そこに入れましょう。ちなみにお釣りは出ません。

降車
<ruby>下 車<rt>xià chē</rt></ruby>

❶ 降車したいバス停が近くなったら、
　　ドア近くに行ってもう一度カードをピッ！

日本では、降車したいバス停に着いてから席を立ちますが、台湾では、自分の降車したいバス停に近づいたら、席を立ってもう一度、悠遊カードを読み取り機にかざしてドア近くで待ちます。

CHECK❷　台湾のバスで気をつけたいこと。

● 時間通り来ない

バスの最大の特徴は、頻繁に遅延が生じることです。

● 運転が荒い

椅子に座ってしまえばあまり感じませんが、立っている時や、降車するときなどは特に注意して、吊り革などを持ちながら移動しましょう。

● 車内で、次のバス停名が一回しか出ない

改良をされている車体もありますが、ほとんどの場合、停留所のアナウンスと掲示は一回のみ。スマートフォンの地図アプリケーションで確認するなどして、乗り過ごしに注意。

 田中的ポイント

朝と夕方の「塞車」の時は バスはおすすめしません

渋滞
塞 車

sài　chē

台湾の朝と夕方のラッシュ時（日本と同じで、通勤時間と重なる7:00〜9:00と17:00〜19:00）、必ず台湾の道路は「塞車」します。遅れがちな上に、朝と夕方は、ほとんどの確率で時間通り到着しません。その時は、MRTに乗って行った方が時間は正確です。

＃ 計程車 [jì chéng chē] タクシー は、
最もゴガクが必要な交通機関

MRTやバスと違い、最もゴガク力が必要となるのが、タクシーです。乗車と降車時の伝達だけではなく、運転手によっては、車中話かけてきたりすることがあります。全く話せないのもつまらないし、ちょうどいい受け答えができるくらいのゴガク力を、身につけておきたいものですね。
乗車と降車の際の会話フレーズとともに、これまでの僕の経験をもとに、ご紹介します。

タクシーの別名	運転手	住所	地図	シートベルト
小黃 xiǎohuáng	**司機大哥** sī jī dà gē	**地址** dì zhǐ	**地圖** dì tú	**安全帶** ān quán dài
※台湾のタクシーは 全て黄色	※「大哥」は 兄貴の意味			

CHECK❶ 乗車時の行き先の伝え方。

どちらまで？

你要到哪裡？
nǐ yào dào nǎ lǐ

到哪裡？
dào nǎ lǐ

STEP 1 住所を大きく書いたメモや、スマートフォンの画面を指差して、このフレーズをいいましょう。

ここまでで、お願いします
到這裡，謝謝。
dào zhè lǐ xiè xie

STEP 2 具体的な場所名＋那邊（そのあたりで）。

士林夜市あたりで、お願いします
到士林夜市那邊，謝謝。
dào shì lín yè shì nà biān xiè xie

住所ありますか？

有地址嗎？
yǒu dì zhǐ ma

STEP 3 具体的な住所を伝えます。

○○の住所まで、お願いします
到中山北路二段 72巷6號，謝謝。
dào zhōng shān běi lù èr duàn qī shí èrxiàng liù hào xiè xie

（助手席に乗った場合）

シートベルトを締めてください

請繫安全帶
qǐng jì ān quán dài

CHECK❷ 車内での会話。

> ちょっと華語を使っただけなのに、「めっちゃうまいな！」って褒めてくれるよ

初級応答編

日本人ですか？
你是日本人嗎？
nǐ shì rì běn rén ma

→ そうですよー
對啊
duì a
※「啊」と付けるとカジュアルな印象になります。

華語うまいですね！
你的國語講得很好！
nǐ de guó yǔ jiǎng dé hěn hǎo

→ そんなことないですよ！
沒有沒有！
méi yǒu méi yǒu

華語話せるんですね！
你會講國語！
nǐ huì jiǎng guó yǔ

※二回繰り返すとカジュアルな印象になります。

乗車中の質問や指示

どれくらい（時間が）かかります？
要多久？
yào duō jiǔ

→ 大体15分くらいです
要大概15分鐘
yào dà gài shí wǔ fēn zhōng

すぐ着きますよ
快到了
kuài dào le

関連単語 ● 車内で方角を指示

まっすぐ直進	前	後ろ	右に曲がる	左に曲がる	もっと進む
直走	**前面**	**後面**	**右轉**	**左轉**	**再走**
zhí zǒu	qián miàn	hòu miàn	yòu zhuǎn	zuǒ zhuǎn	zài zǒu

降車時

この辺で良いです、ありがとうございます。
這邊就好，謝謝
zhè biān jiù hǎo xiè xie

→ わかりました。
好的
hǎo de

領収書をください
要收據
yào shōu jù

→ 手書きのもので良いですか？
手寫的可以嗎？
shǒu xiě de kě yǐ ma

※タクシーによっては、自動的にレシートが発行される場合と、上記のように聞かれることがあります。

CHECK❸ 台湾の住所

	大きな通り			枝道		建物の番地
忠 孝 東 (路)	**四 (段)**	**181**	**(巷)**	**40 (弄)**	**14**	**(號)**
zhōng xiào dōng lù	sì duàn	yī bǎi bā shí yī	xiàng	sì shí nòng	shí sì	hào

路が長い場合「段」で区分け　　さらに枝道

＃ 火車 <ruby>火<rt>huǒ</rt></ruby><ruby>車<rt>chē</rt></ruby> 在来線 で、台湾のローカル旅へ

台湾の全土には、台湾鉄道が走っています。特に、新幹線の通っていない東部 (花蓮/台東) へのアクセスや、MRTの範囲外の台北圏内の地域などへは、在来線で行くことができます。新幹線よりも車体がレトロで、ゆっくりと車窓を見ながら、台湾の地方へ向かいましょう。

台湾鉄道の略／火車の別名

台 鐵
tái　tiě

CHECK❶　在来線の種類を知る。

在来線の列車種別は、4種類あります。事前に覚えておきましょう。
自強號には、 花蓮／台東方面行きの「太魯閣号 (タロコ)」と「普悠瑪号 (プユマ)」という、全席指定の列車もあります。

自 強 號 ＝特急
zì　qiáng　hào

莒 光 號 ＝急行
jǔ　guāng　hào

復 興 號 ＝区間急行
fù　xīng　hào

區 間 車 ＝普通
qū　jiān　chē

CHECK❷　電車／新幹線のチケットを、窓口で買う。

乗車が、30分から1時間の近距離移動は、悠遊カードいけます。遠方へ行く時は、券売機 (對號列車自動售票機) か窓口で、座席指定のチケットを購入しましょう。

(駅員)

どこに行きますか？

你 要 到 哪 裡 呢 ？
nǐ　yào　dào　nǎ　lǐ　ne

台北駅まで、2枚、指定席で

到 台 北 ， 兩 張 ， 對 號 座
dào　tái　běi　liǎng　zhāng　duì　hào　zuò

文章にせず、「○○まで」という方が
ネイティブっぽく聞こえます。

確認のためにもう一度

何時出発ですか？

幾 點 出 發 ？
jǐ　diǎn　chū　fā

何番ホームですか？

幾 號 月 台 ？
jǐ　hào　yuè　tái

※再度，確認で駅員に聞く場合は，
　切符を見せながらこのように伝えましょう。

田中的 ポイント

台湾鉄道の駅弁

台 鐵 便 當
tái　tiě　biàn　dāng

在来線に乗る
もう1つの楽しみ「駅弁」

MRTと違い、車内で飲食可能な在来線。日本統治時代にその文化が伝えられたとも言われる「**駅弁**」を車内で食べられるのも在来線ならではの楽しみ。大きな排骨が豪快に乗った台湾流駅弁を楽しみましょう。

＃ 台北から高雄まで
1 時間 30 分の台湾 高鐵 新幹線

gāo tiě

2007年開業の新幹線のおかげで、気軽に台北以外の都市へ行くことができるようになりました。中部の都市・台中までは最短40分、終点の高雄までは約90分と、日帰り旅行も十分可能です。ただし、台湾の大型連休やお正月期間などはチケットが取りづらいことも。

CHECK❶　新幹線のチケット購入で、覚えておくべき単語。

新幹線のチケット購入は、自動券売機と窓口販売の、2種類あります。
券売機での購入の場合、購入の際に表示される単語を、覚えておきましょう。

自由席／指定席
自由座 / 對號座
zì　yóu　zuò　　　duì　hào　zuò

片道／往復
單程票 / 來回票
dān　chéng　piào　　lái　huí　piào

普通車／グリーン車
標準車廂 / 商務車廂
biāo　zhǔn　chē　xiāng　　shāng　wù　chē　xiāng

CHECK② 主な駅と事前に知っておきたいポイント。

南港
nán gǎng

始発駅は台北ではなく、南港駅。この駅名につられて、乗り間違えないように注意！

桃園
táo yuán

桃園と言えば空港。台湾南部から桃園空港を利用する場合は、桃園駅から、MRTで直接行った方が便利です

台中
tái zhōng

台中の新幹線の駅は、市内から、少し距離がありタクシーで20分、2020年開通のMRTでも、市内へは約20分かかります

左營
zuǒ yíng

高雄の新幹線駅名は、「左營」であることを事前に知っておきましょう。駅を降りてすぐにMRTがあってとても便利です

台南
tái nán

市内から少し離れた場所にあります。タクシーだと30分ほどですが、在来線であれば「沙崙」駅から台南駅まで15分で到着します

 田中的 ポイント

外国人にはお得な、新幹線チケット

台湾の新幹線にも、お得な割引があります。台湾新幹線のサイトをはじめ、よく駅などでも目にする「早鳥」は、早割の意味。そのほか、外国人に優遇チケットは、是非チェックしておきましょう。

早割
早鳥
zǎo niǎo

優遇
優惠
yōu huì

135

♯ かなり快適 客運 [kè yùn] 長距離バス のススメ

台湾の各都市をつなぐ中距離バス。便数も多く、新幹線より格段に安くて、便利です。特に、東部の宜蘭エリアは鉄道で行きづらいのですが、バスを使えば1時間程度で到着です。24時間営業も多く、日中だと時間はかかりますが、車窓からの景色を眺めながら、台湾の旅を満喫しましょう。

CHECK❶ バスターミナルへ行き、チケットを購入します。

新幹線のチケット購入は自動券売機と窓口販売の2種類あります。
券売機での購入の場合、購入の際に表示される単語を覚えておきましょう。

バスターミナル
轉 運 站
zhuǎn yùn zhàn

高速道路
高 速 公 路
gāo sù gōng lù

（バス）チケット
車 票
chē piào

運賃
運 費
yùn fèi

CHECK❷ 定番のバス会社ラインナップ。

バスターミナルには、複数のバス会社の窓口が並び、「台中550元」などと、それぞれ窓口のモニターに、行き先と価格が出ています。

國 光 客 運
guó guāng kè yùn
バス会社の最大手。コスパはよいのですが、車体が古いことがしばしば

統 聯 客 運
tǒng lián kè yùn
台湾初、長距離バス会社（Ubus）。ネイティヴに人気

和 欣 客 運
hé xīn kè yùn
豪華革張りシート、座席も広々、各席モニター付き。台中の停車場所は、市内から離れています

噶 瑪 蘭 客 運
gá mǎ lán kè yùn
北東部の都市宜蘭行きのバス。名前は、原住民族の「クヴァラン族」が由来

田中的ポイント

台湾でもコスパは重要

よく台湾の街中やお店で見かける「**CP値高**」の文字。この意味はコスパが良いです。バス旅行も時間は少し長いですが、車窓を楽しんだり費用が安かったりと考えれば、CP値高！

コスパ
CP値
zhí

#　飛機 （fēi jī）　空港 での緊張と、
ワクワクは変わらない

飛行機から降りると、あの独特のにおいと湿気を感じ、「台湾に着いた」と、緊張とワクワクが今でもあります。そんな、空港でのポイントを紹介します。

航空会社	パスポート	チケット	空港
航空公司	護照	機票	機場
háng kōng gōng sī	hù zhào	jǐ piào	jǐ chǎng

第一ターミナル	第二ターミナル	国内線	国際線
第一航廈	第二航廈	國內線	國外線
dì yī háng shà	dì èr háng shà	guó nèi xiàn	guó wài xiàn

CHECK❶　主要な空港名 & 航空会社。

台湾	松山機場	桃園機場	高雄機場
	sōng shān jǐ chǎng	táo yuán jǐ chǎng	gāo xióng jǐ chǎng

日本	羽田機場	成田機場	關西機場
	yǔ tián jǐ chǎng	chéng tián jǐ chǎng	guān xī jǐ chǎng

従来の航空会社

EVA AIR	CHINA AIR LINE	JAL	ANA
長榮航空	中華航空	日本航空	全日空
zhǎng róng háng kōng	zhōng huá háng kōng	rì běn háng kōng	quán rì kōng

LCC／廉價航空

Tiger AIR 正式名「台灣虎航」	Peach AIR	ジェットスター	スクート
虎航	樂桃航空	捷星航空	酷航
hǔ háng	lè táo háng kōng	jié xīng háng kōng	kù háng

※航空会社名も、華語名を使うことが多い

CHECK❷　世界の都市名、見ているだけでおもしろい。

ニューヨーク
紐約
niǔ　yuē

ロンドン
倫敦
lún　dūn

マドリード
馬德里
mǎ　dé　lǐ

パリ
巴黎
bā　lí

ローマ
羅馬
luó　mǎ

ベルリン
柏林
bó　lín

ドーハ
杜哈
dù　hā

香港
香港
xiāng　gǎng

ソウル
首爾
shǒu　ěr

ハノイ
河內
hé　nèi

バンコク
曼谷
màn　gǔ

クアラルンプール
吉隆坡
jí　lóng　pō

マニラ
馬尼拉
mǎ　ní　lā

ニューデリー
新德里
xīn　dé　lǐ

田中的ポイント

**空港に着いたら
SIMカードをゲットしよう**

SIMカード
SIM卡
kǎ

空港に着いたら、まずSIMカードを買いましょう。以前は、モバイルWiFiを借りていましたが、SIMカードの方がスマートフォンさえあれば使えて便利です。台湾の電話番号が一時的に利用できるので、シェアサイクルの使用も含め、断然SIMカードをオススメします。

＃ シティーライフの、良き相棒

YouBike シェアサイクル

都市生活で重宝するのが、シェアサイクル。台湾でも、「YouBike」という名前で、全土で利用可能地域が広がっており（台南のみ「T-BIKE」）、使えるとかなり便利です。また、自転車だと土地勘も MRT やバスより掴めるうえに、街中の雰囲気も楽しめて一石二鳥です。
登録には、悠遊カードと台湾の電話番号が必要になりますが、一度登録すると、こんなに便利なものはありません。

CHECK❶ YouBike の登録方法。

❶ 必要なものは、「悠遊カード」（もしくは「一卡通 yī kǎ tōng」）と、台湾の電話番号（sim カードを買えば付いてきます）。

❷ 登録は、各 YouBike ステーションにある「Kiosk」、もしくは、スマートフォン（パソコン）から登録可能です。

❸ 会員登録画面から、必要情報を入力します。
電話番号を入力して、「発送驗證碼（認証コードを送信）」を押すと、SMS で認証コードが送られてきます。
それを「驗證碼（認証コード）」に入力。

❹ 「悠遊カード」、「一卡通」のどちらか選び、カード裏面の番号を入力します。

❺ 「註冊成功 zhù cè chéng gōng（登録完了）」という画面になれば、登録完了です。

自転車	電話番号	パスワード
腳 踏 車 jiǎo tà chē	手 機 號 碼 shǒu jǐ hào mǎ	密 碼 mì mǎ

E メールアドレス	生年月日	身分証
電 子 信 箱 diàn zǐ xìn xiāng	生 日 shēng rì	身 分 證 shēn fèn zhèng

CHECK❷ **YouBike** の利用方法。

乗 車 時

❶ 車体中心のグリーンのボタンを押すと、
「請靠卡感應 qǐng kào kǎ gǎn yìng（カードを近づけてください）」と
モニターに表示されるので、「悠遊カード」をかざします。

❷ 「悠遊カード」の残高が表示されます。

例）餘額 100

❸ 「請取車 qǐng qǔ chē（車体をお取りください）」と表示されるので、
自転車を支柱から外します。

返 却 時

❶ ステーションの空いてるところに、自転車の前方部分の
出っぱりと支柱をスライドさせるように
グッと、奥まで差し込みます。

❷ 「還車成功 hái chē chéng gōng 請靠卡 qǐng kào kǎ（返却完了、カードを近づけ
てください）」と表示されるので、「悠遊カード」をかざします。

❸ 「扣款 kòu kuǎn（利用料金）」「餘額 yú é（残高）」と表示されれば、
返却完了です。

田中的ポイント

YouBike をより便利に
使いこなすアプリケーション

アプリ（エップ）
A P P

ダウンロード
下 載
xià zǎi

街中のさまざまな場所にランダムに設置され
た YouBike ステーション。さらに天気の良い
日となると特に利用過多となり、ステーション
に行っても一台もないこともあります。そこで
無料のアプリをダウンロードしておくとステー
ションの場所や空き状況がわかります。ちな
みに台湾ではアプリを英語と同じく「エップ」
と言います。アプリは日本語です。

ゴガクを口にする ⑤

暮らす台湾華語

言語は、その土地の文化や暮らしに必ず関係しています。日本にはないその土地ならではの風習や文化など、新しい発見から。カルチャーゴガク的親密になる楽しさを感じてください。

♯ 街中で目にする文字が、わかっていく快感を

建物から飛び出た看板、派手派手の装飾など特徴的な台湾の街並み。それらは異国ながら目にする文字が漢字のため、どことなく親近感もあります。
その意味がわかっていくことで、街についてのさらなる発見が増えていきます。

街中で見かける施設やお店の名称

● 公共施設

市役所	警察署	病院	公園	図書館
市政府	警察署	醫院	公園	図書館
shì zhèng fǔ	jǐng chá ju	yī yuàn	gōng yuán	tú shū guǎn

※「派出所」もあります。

● 金融関係

銀行	郵便局	ATM
銀行	郵局	提款機
yín háng	yóu jú	tí kuǎn jī

● 文化 / 宗教施設

博物館	美術館	動物園	植物園
博物館	美術館	動物園	植物園
bó wù guǎn	měi shù guǎn	dòng wù yuán	zhí wù yuán

寺	教会	神社
寺廟	教會	神社
sì miào	jiào huì	shén shè

※日本統治時代に台湾各地に作られた神社。基本的には終戦後に撤去されましたが、一部は残っていたり、神社跡として観光スポットにもなっています。

● 学校 / 教育施設

小学校	中学校	高校	大学	学習塾
國小	國中	高中	大學	補習班
guó xiǎo	guó zhōng	gāo zhōng	dà xué	bǔ xí bān

● 職場

会社	事務所（オフィス）	スタジオ
公司	辦公室	工作室
gōng sī	bàn gōng shì	gōng zuò shì

出版社	テレビ局
出版社	電視台
chū bǎn shè	diàn shì tái

● まちでよく見る商店

コンビニ	金物屋	線香屋／お寺関連のお店	マッサージ屋
便利商店 biàn lì shāng diàn	五金行 wǔ jīn háng	香舖 xiāng pù	養生館 yǎng shēng guǎn

コインランドリー	問屋	檳榔屋	クレーンゲーム店
自助洗衣店 zì zhù xǐ yī diàn	批發店 pī fā diàn	檳榔攤 bīn láng tān	夾娃娃機店 jiá wá wá jī diàn

果物屋	ネットカフェ	宝くじ・スクラッチ売り場	サロン／美容室	眼鏡屋	家具屋
水果店 shuǐ guǒ diàn	網咖 wǎng kā	彩券行 cǎi quàn háng	沙龍 shā lóng	眼鏡行 yǎn jìng háng	家具行 jiā jù háng

茶葉屋	パン屋	ドラッグストア	ペットショップ	携帯電話ショップ
茶行 chá háng	麵包店 miàn bāo diàn	藥妝店 yào zhuāng diàn	寵物店 chǒng wù diàn	通訊行（通信行） tōng xùn háng　tōng xìn háng

● 商業施設

ホテル	スーパー	デパート	カラオケ
飯店 fàn diàn	超市 chāo shì	百貨公司 bǎi huò gōng sī	卡拉OK（KTV） kǎ lā ok

生活雑貨店	映画館	ジム	本屋	プール
生活百貨 shēng huó bǎi huò	電影院 diàn yǐng yuàn	健身房 jiàn shēn fáng	書店 shū diàn	游泳池 yóu yǒng chí

● 車関連

ガソリンスタンド	車販売店	バイク販売店
加油站 jiā yóu zhàn	車行 chē háng	機車行 jī chē háng

＃ よく見かける街のテンプレートフレーズ

街を歩いていると、よく見かけるこの文字たち。一体何を意味しているのでしょうか？

當 (dàng)	丸い輪郭にこの「當」の文字の看板をよく見かけます。"弁当屋とか？"と思っていましたが、正解は「當舖」の頭文字で「質屋」でした！	徵 zhēng	ポスターなどで、この文字をよく見かけます。こちらの意味は「徵人」の頭文字で、求人を意味します。	微笑 wéi　xiào
				お店で見かける「微笑」の文字。正確には「錄影中請微笑」（錄画中、微笑んでください）と書いてあります。つまり、「しっかり監視しています」です。
租 zū	空き店舗によくこの文字が書いてありますが、こちらは「レンタル（賃貸）」の意味で、賃貸可能を意味します。	拆 chāi	シャッターや、外壁などにペンキやスプレーで直接書いてあることが多く、意味は「解体」で、解体予定の建物などを指しています。	
慢 màn	道路に大きく白い文字で書かれているこの文字は、ゆっくりを意味する「慢」。	請勿 qǐng　wù	立て看板、トイレなどでも見かけるこの文字。「勿」は禁止を意味する言葉で、Please の「請」と二文字で「○○しないでください」です。	

＃台湾の 携帯会社 / キャリア

台湾の携帯ショップは、下記の 3 つの大手キャリアと 2 つの格安キャリアです。

3大キャリア

中華電信
zhōng huá diàn xìn

台灣大哥大
tái wān dà gē dà

遠 傳
yuǎn chuán

格安キャリア

台湾之星
tái wān zhī xīng

亜太電信
yǎ tài diàn xìn

＃暮らしの中で見かける、台湾ならではの人たち

台湾には、ちょっと変わった "族" がいることを、ご存じでしょうか？

低頭族
dī tóu zú

スマートフォンの使いすぎでうつむき状態になっている人のことを、皮肉をこめてこう呼びます

夜貓族
yè māo zú

夜ふかしの人のことをこう呼びます。ちなみに朝早起き族は、「早鳥族 zǎo niǎo zú」です

 田中的 ポイント

台湾の街中でよく見かける、3 大スポット

台湾に暮らしていると、街中で「そんなに必要？」と思えるほど多い、3 大スポットがあります。

檳榔屋

檳榔攤
bīn láng tān

1 つ目は、日本には絶対にない檳榔屋。檳榔とはヤシ科の植物の実で、少量の石灰とキンマという葉で包まれた「噛みタバコ」です。年配の男性を中心に愛用者は多く、まちの至る所にお店があります。

クレーンゲーム店

夾娃娃機店
jiá wá wá jī diàn

日本では、ゲームセンターの中にあるイメージが一般的ですが、台湾では小店舗で街の至るところにあります。機械ごとにそれぞれオーナーがいてみんなで費用を出し合って店舗を借りていることが多いのだとか。

宝くじ・
スクラッチ売り場

彩券行
cǎi quàn háng

日本では、プレハブ小屋型も多数ありますが、台湾では小店舗として街中にあります。派手目の装飾なのですぐに目にとまります。

♯ 住 に必要な、
身の回りのゴガクを揃えよう

台湾で暮らすとなれば、生活必需品はもとより、身の回りのものの呼び方を覚えると何かと便利。観光であっても、ホテル滞在時に使えるものもあるので、まずは「ホテル」から覚えていきましょう。

ホテルに泊まる

台湾の宿泊施設も形態は様々。一般的に、レストランが館内にあるホテルは「飯店」。また、中国や香港ではホテルのことは「酒店」で、台湾でも一部の老舗ホテルは中国や香港と同様に「酒店」を使っています。しかし「酒店」は、女性が隣に座ってお酒を飲む店を指すので基本は「飯店」です。規模感によっては、「旅館」や「民宿」もあり、ゲストハウスは、「青年旅舍」と表すことが多いです。

ホテル
飯 店 / 酒 店 / 旅 館
fàn diàn　jiǔ diàn　lǚ guǎn

民宿
民 宿
mín sù

ゲストハウス
青 年 旅 舍
qīng nián lǚ shè

ゲストハウス（バックパッカーズ）
背 包 客 棧
bèi bāo kè zhàn

ホテルで必要な単語

チェックイン
入 住
rù zhù

チェックアウト
退 房
tuì fáng

荷物
行 李
xíng lǐ

フロント
櫃 檯
guì tái

部屋
房 間
fáng jiān

鍵
鑰 匙
yào shi

部屋カード
房 卡
fáng kǎ

掃除
打 掃
dǎ sǎo

パスポート
護 照
hù zhào

身分証
身 分 證
shēn fèn zhèng

145

CHECK❶　チェックインの前に荷物だけ預かってもらう。

ホテルで、チェックインより早い時間に荷物だけ預かってもらいたいときは、このフレーズです。おそらくその返事「可以」に加えて、荷物の個数を聞かれますので、聞き取って言えるようにしましょう。

荷物を預かってもらうことできますか？

かしこまりました。
お荷物いくつですか？

可以先寄放行李嗎？
kě yǐ xiān jì fàng xíng lǐ ma

⟶ **可以幾件？**
kě yǐ jǐ jiàn

※荷物の数量詞は「件 jiàn」です。
3つの場合は「三件 sān jiàn」。

CHECK❷　チェックイン / アウト。

チェックインをお願いします

我要入住
wǒ yào rù zhù

※名前は、英語読みにしましょう。

※ **我要 Check In** でもOK！
wǒ yào

チェックアウトをお願いします

我要退房
wǒ yào tuì fáng

※ **我要 Check Out** でもOK！
wǒ yào

フロントでよく聞かれること

● 身分証はございますか？

請問你有身分證(證件)嗎？
qǐng wèn nǐ yǒu shēn fèn zhèngzhèng jiàn ma

※こちらが外国人と、すでにわかっている
時は「護照 hù zhào（パスポート）」の
場合もあります。

● シングル1泊でよろしいでしょうか？

單人房一晚是不是？
dān rén fáng yi wǎn shì bù shi

● 朝ご飯は、7時から10時までで、
2階です

早餐是從七點到十點在2樓
zǎo cān shì cóng qī diǎn dào shí diǎn zài èr lóu

● こちらで大丈夫です

這樣就可以了
zhè yàng jiù kě yǐ le

部屋の中の、家電や物の名前

ホテルや、一般的なワンルームで使える生活の品。聞いたことがあるものも？

CHECK！ リビングまわり

テレビ	冷蔵庫	エアコン	扇風機	ソファー	電話
電視	冰箱	冷氣	電風扇	沙發	電話
diàn shì	bīng xiāng	lěng qì	diàn fēng shàn	shā fā	diàn huà

机	椅子	掃除機	インターネット	ベッド
桌子	椅子	吸塵器	網路	床
zhuō zǐ	yǐ zǐ	xī chén qì	wǎng lù	chuáng

クローゼット	ベランダ	窓	ゴミ箱
衣櫃	陽台	窗戶	垃圾桶
yī guì	yáng tái	chuāng hù	lè sè tǒng

CHECK！ 浴室まわり

ドライヤー	洗濯機	乾燥機	鏡	シャワーヘッド
吹風機	洗衣機	烘乾機	鏡子	蓮蓬頭
chuī fēng jǐ	xǐ yī jǐ	hōng qián jǐ	jìng zǐ	lián péng tóu

トイレットペーパー	ティッシュペーパー	バスタオル
衛生紙	面紙	毛巾
wèi shēng zhǐ	miàn zhǐ	máo jīn

CHECK！ キッチンまわり

電鍋	ガスコンロ	ケトル	電子レンジ	フライパン
電鍋	瓦斯爐	熱水壺	微波爐	平底鍋
diàn guō	wǎ sī lú	rè shuǐ hú	wéi bō lú	píng dǐ guō

CHECK！ そのほか

エレベーター	階段	駐車場
電梯	樓梯	停車場
diàn tī	lóu tī	tíng chē chǎng

＃台湾の部屋で、ちょっと注意！

トイレットペーパーが流せない

台湾では、古いトイレなどは隣にゴミ箱が置いてあり、「衛生紙請勿丟進馬桶 wèi shēng zhǐ qǐng wù diū jìn mǎ tǒng (トイレットペーパーを流さないで)」と書いてあります。近年、水溶性のトレイットペーパーの普及や推進活動のおかげで、ホテルや家でも流せるところは増えました。しかし、基本的にテッシュペーパー（面紙）は流せないことと、必ずトイレの中に注意書きがあるので、よく読みましょう。

風呂も便器も、仕切りなし

高級ホテルや高級住宅を除いて、基本的に台湾では、お風呂に浸かる文化が希薄のため、湯船がほぼありません。
日本の場合、狭いユニットバスでさえ、お風呂に浸からなくても湯船が仕切りになりますが、ワンルームの場合は、便器とシャワーの区切りがないので、シャワーをするとあたり一面水浸しになります。とはいえ、シャワーついでに便器もささっと洗えるので、わざわざ、トイレ掃除をする必要がなくなった…とも言えるかも？

田中的ポイント

ケーブルチャンネル

第四台
dì　sì　tái

台湾のテレビチャンネル、なぜこんなに多い？

台湾のテレビの 100 ほどあるチャンネル数に驚くかもしれません。この正体は「第四台」と呼ばれるケーブルテレビのチャンネル数です。台湾ではケーブルテレビが契約料が安く普及率が高いのです。
ちなみに台湾では、戒厳令が敷かれていた 1986 年以前、民放は 3 局「台視 / 中視 / 華視」ありました。戒厳令解除後にできたケーブルチャンネルを 4 つ目と考え、「第四台」と呼んでいます。現在は、台湾の民放は全部で 6 局あります。台湾のテレビ番組の特徴として、「華語」「台湾語」に加えて、「客家」や「原住民」の専門チャンネルや番組があるのも、多言語社会・台湾ならではの事情です。

知っといてよかった、
暮らしに役立つその"違い"

台湾 と 中国 の、物の呼び方

同じものを指すのに、単語や発音が全然違うことがよくある台湾と中国。
ここでは、これまで違いに気づいた身の回りものを中心に、紹介します。

台 湾 / **中 国**

垃圾
lè sè

ゴミ

垃圾
lā jī

冷氣
lěng qì

クーラー

空調
kōng tiáo

計程車
jì chéng chē

タクシー

出租車
chū zū chē

腳踏車
jiǎo tà chē

自転車

自行車
zì xíng chē

捷運
jié yùn

地下鉄

地鐵
dì tiě

湯匙
tāng chí

スプーン

勺子
sháo zi

橡皮擦
xiàng pí cā

消しゴム

橡皮
xiàng pí

貓熊
māo xióng

パンダ

熊貓
xióng māo

台 湾 / **中 国**

馬鈴薯
mǎ líng shǔ

じゃがいも

土豆
tǔ dòu

優格
yōu gé

ヨーグルト

酸奶
suān nǎi

高麗菜
gāo lì cài

キャベツ

捲心菜
juǎn xīn cài

番茄
fān qié

トマト

西紅柿
xī hóng shì

小黃瓜
xiǎo huáng guā

きゅうり

黃瓜
huáng guā

美乃滋
měi nǎi zī

マヨネーズ

沙拉醬
shā lā jiàng

泡麵
pào miàn

インスタント
ラーメン

方便麵
fāng biàn miàn

鳳梨
fèng lí

パイナップル

波羅
bō luó

149

＃ 色の違い

台湾では、信号機のことは「**紅緑燈** hóng lǜ dēng」と
呼ばれ、日本では「**赤/青**」と表現されますが、
台湾では世界同様に「**赤/緑**」になります。

色
（**顔色**）
yán sè

白色	黒色	黄色	赤色	オレンジ色	金色
白色	**黑色**	**黄色**	**紅色**	**橘色**	**金色**
bái sè	hēi sè	huáng sè	hóng sè	jú sè	jīn sè

銀色	ピンク色	紫色	青色	水色
銀色	**粉紅色**	**紫色**	**藍色**	**水藍色**
yín sè	fěn hóng sè	zǐ sè	lán sè	shuǐ lán sè

茶色	グレー	緑色
咖啡色	**灰色**	**綠色**
kā fēi sè	huī sè	lǜ sè

＃ 単位の違い

スーパーでは、基本は「**公克/公斤**」表示ですが、
フルーツ店をはじめ市場などでは、「**台斤**」の場合が
多いので注意が必要です。

長さ	単位		別称		使用法
長度 cháng dù	cm	**公分** gōng fèn	**釐米** lí mǐ		1**釐米** = 1 公分 (g) lí mǐ gōngfēn
	m	**公尺** gōng chǐ	**米** mǐ		1**米** = 1 公尺 (g) mǐ gōngchǐ
	km	**公里** gōng lǐ	**千米** qiān mǐ		1**千米** = 1 公里 (g) qiān mǐ gōng lǐ

重さ	単位（台湾独自）		単位（世界基準）		比較
重量 zhòng liàng	**台兩** tái liǎng		g	**公克** gōng kè	1**台兩** = 37.5 公克 (g) tái liǎng gōng kè
	台斤 tái jīn		kg	**公斤** gōng jīn	1**台斤** = 0.6 公斤 (g) tái jīn gōng jīn

＃ 勘違いしちゃう言葉

歩く
走 zǒu
華語では歩くが「走」で、走るは「跑步」

先生
先生 xiān shēng
Eメールやメッセージなど男性に対しては、「○○先生」と送ります

社長
經理 jīng lǐ
あるミーティングにて経理の方に「御社の社長さんは？」と大変失礼な質問をしました　※正確には「總經理」

妻
太太 tài tài
「妻」の言い方は、2種類あり、どんな体型でも「太太」、悪口ではありません

妻（別称）
老婆 lǎo pó
どんなに若くても「老婆」。「旦那」も2種あり、上記「先生」か「老公 lao gong」を使います

3人目の愛人
小三 xiǎo sān
日本語だと小学3年生ですが、中国語では3人目の「愛人」になります

入力
輸入 shū rù
ネット通販時に、「輸入」と見て驚きましたが、「入力」でした

いいね！
酷 kù
「cool」の発音の当て字で、「おお、いいね！」の意味

安心する
放心 fàng xīn
ショックで放心状態？いえいえ、心を放つ状態で「安心」です

終わる
結束 jié shù
終わるということは、人も事も「結束」していくこと。哲学的です

生地状のもの
餅 bǐng
米粉や小麦粉で作る平らなものや円状の食べ物を指します

スープ
湯 tāng
小吃店などのメニューで見かける「湯」の文字。なんだか味が薄そうなイメージ

みんな
大家 dà jiā
スピーチなどで「大家好」とよく耳にします。「大家さんへの挨拶？」ではありません

ワンタン
扁食 biǎn shí
特に、花蓮のご飯屋で見かけます。福建エリアの古い呼び方のようです

無理をする
勉強 miǎn qiáng
「你不要勉強」とメッセージがきて、"勉強"を調べたら無理せずほどほどでした

メロンパン（パイナップルパン）
菠蘿包 bō luó bāo
「波蘿包（パイナップルパン）」を発見。日本ではあの形はメロン。台湾ではパイナップル

赤身肉
赤肉 chì ròu
夜市の暗い小道のお店で「赤肉」という文字を見て、怖かった記憶があります

牛肉スープ麺
牛肉湯麵 niú ròu tāng miàn
「牛肉麵」と「牛肉湯麵」の違い。牛肉湯麵は牛肉スープの麺。肉なしなので要注意

田中的 ポイント

台湾の夜、あの曲が流れたらゴミ出しの時間

ゴミ収集車
垃圾車 lè sè chē

台湾には、ゴミ捨て場というものがなく、決まった時間にゴミ収集車が回収に来ます。そして、自ら投げ入れるスタイルです。そのためゴミ袋を持ってゾロゾロと家からみんな出てくる光景は台湾の夜の定番。エリアによって回収時間は決まっていますが、その合図として、「**エリーゼのために**」か「**乙女の祈り**」が流れてきます。僕自身も経験したことがあり、曲を聞いて持って行き、間に合わなかったことも…。賃貸の物件によっては、マンションやアパート自体に回収場所があり、大家や管理人がまとめて出してくれるという便利なサービスもあります。
ちなみに、収集車は必ず2台きて、黄色い方は「**一般ゴミ**」「**生ゴミ**」、白い方は「**資源ゴミ**」を回収します。生ごみは豚など家畜の餌として再利用されます。

ネイティブの風習、
これさえ知っておけば大丈夫！

＃ 年末年始 の過ごし方

年越し **跨年** kuà nián

旧暦の正月を含む年越し **過年** guò nián

台湾の2種類の正月、それぞれの過ごし方

台湾では、西暦の1月1日と、中華圏ならではの旧暦の正月があり、台湾では旧暦がメイン。ここでは、それぞれの過ごし方を紹介します。

台北101の花火
101煙火 yī líng yī yān huǒ

音楽ライブイベント
演唱會 yǎn chàng huì

紅白歌合戦
紅白 hóng bái

友人たちとワイワイ過ごす
西暦の大晦日

1月1日は、街の雰囲気も通常通りであまり年末感はありません。
ただ、大晦日に台北のランドマーク「台北101」の周辺の花火大会をはじめ、台湾各地でイベントやライブが開催されます。友人たちとホームパーティーをする人も多く、ご飯やお酒を楽しみながら、各地のイベントのYouTubeや、日本の紅白歌合戦をネットで見たりして楽しく過ごします。日本の「年越しそば」のような文化がないため、差し入れでそばを持っていくと、すごく喜ばれます。

会社のみんなと一年の労いと、
新年に向けた、台湾式"忘・新年会"

忘・新年会
尾牙會 wěi yá huì

お年玉／ご祝儀
紅包 hóng bāo

「跨年」と「過年」の間は、大体数週間から1ヶ月ほど時間があり、このあたりから、徐々に台湾では年末ムードが街全体からも漂ってきます。日本同様、会社では忘年会が開催されます。
台湾では「尾牙會」と呼ばれ、「尾」はしっぽ、「牙」はきばと動物の一番後ろから一番頭を使って年末年始を表しています。尾牙會では台湾のお年玉「紅包」が社長から社員に配られ、一年の労わりと新年に向けて決起する会です。大企業になると、社員数百人という規模で行われ、ニュースになるほどです。

新年を祝う年末年始の
基礎用語

大晦日
除 夕
chú xì

元旦
初 一
chū yǐ

お節料理
年 菜
nián cài

年越し用品
年 貨
nián huò

正月飾りの1つ
春 聯
chūn lián

爆竹
鞭 炮
biān pào

西暦の正月とは違い、毎年1月の後半から2月の上旬に、日にちが前後する旧暦の正月「過年」があります。

いよいよ年越しの準備という頃に、「年貨大街」という大晦日の数日前まで、年越しの用品の特設販売が台湾各地で行われます。代表的なものでいうと台北の迪化街の、年貨大街があります。

春聯をはじめとする正月飾りなど、縁起の良い食べ物や、家族や親戚たちと食べるお菓子、衣料品などを揃えられます。大晦日を意味する「除夕」の2日前から会社や学校は休みとなり、皆それぞれの実家に帰るため大移動が始まります。そして、家族みんなで「年菜」を食べます。

元旦は「初一」と言われ、その翌日は「初二 chū èr」です。除夕と初一は旦那の実家へ、そして初二に妻の実家に戻ります。平均約10日間の正月休みとなる台湾。大晦日前から街中のご飯屋など（一部の大型店やチェーン店は除き）あらゆるお店が休みに入るが、初六の「開工日（商売はじめの日）」から徐々にお店が開いてきます。また巨大な音を出して、お店や会社など店先で爆竹を鳴らします。これは、悪い陰気を寄せ付けないための古くからの風習です。

💬 田中的 ポイント

めでたい言葉が書かれた
赤い紙
春 聯
chūn lián

「春聯」は、逆さに貼るのも意味があります

台湾の街中の至るところで見かける「春聯」。除夕の大晦日にお家の大掃除後に玄関先など貼ります。日本のように正月期間が終わると外すという習慣はなく、一年中貼っていることが多いです。春聯は大きく2種類あり、短文が書かれた細長いタイプと「福」や「春」など一文字が書かれた正方形タイプがあり、おかしなことに正方形タイプの方は逆さに貼られていることがあります。これは逆さまにする、倒すを意味する「倒」と〇〇がやって来るを意味する「到」が同じ発音なので、「福/春がやってくる」と願をかけて逆さに貼ります。

♯ そのほかの台湾人的大事な 節句の過ごし方

元宵節
yuán xiāo jié

初一から数え、ちょうど初十五の日、過年はこの元宵節を以て終了します。この日は家族が平穏で円満で暮らせますようにと中にピーナッツやごまのペースト入ったお餅「元宵」を食べます

清明節
qīng míng jié

春分の日から15日たった日で、中華文化で古くから大事にされている先祖祭の日。この日は家族集まって墓参りに出かけます

端午節
duān wǔ jié

旧暦5月5日。三大節句に数えられる端午節。由来は戦国時代楚国の詩人「屈原 qū yuán」の命日。この日は「粽子（ちまき）」を食べ「ドラゴンボートレース」が開催されます

中元節（鬼月）
zhōng yuán jié　guǐ yuè

お盆を指す「中元節」。霊界の門が開き霊魂が下界をさまようとされる「鬼月」の一ヶ月の中間日。家の玄関先や店先ではたくさんのお供物と線香を立て霊魂を慰めます

中秋節
zhōng qiū jié

3大節句の1日。この日は『嫦娥奔月 cháng é bēn yuè』という神話があり、月を愛でます。「月餅」を送り合う風習もあります。この日台湾ではなぜか、家庭や友人たちでBBQを楽しむのが風物詩になっています

冬至
dōng zhì

家族の万時円満を願い「元宵」と瓜二つの「湯圓 tāng yuán」を食べます。「元宵」は大きなザルで揺りながら丸くしていくのに対して「湯圓」は手で丸めて作ります

＃ 寺廟への参拝

お参り 拜 拜
bài　bài

❶ 必ず右の門から本殿に入り、左の門から外に出る

本殿に入る際は、右の門が入口で、左の門が出口です。また敷居を踏まないように、左足から入るのが良いとされています。

❸ 参拝の順番は最初は、お天道様の方から

寺廟の規模にもよりますが、基本的なパターンは4つで、まず「天公爐 tiān gōng lú」という本殿の一番手前、空に向けられた場所に線香をお供えします。その後、本殿中心の神様、右、左の順番で参拝します。大きなお寺の場合は順番が看板で紹介されています。

❷ 線香を購入し、火をつける

線香は境内にて販売されていて、祀られている神様の数分が大体セットになっています。また、線香は頭の上の方に高く持つのがマナーです。

❹ 三拜（3回礼）→ 願い事 → 三拜 → 線香を香炉へ → 合掌三拜
sān bài

線香は鼻の高さまで上げ右手で持ち、左手を添えます。3回礼をする「三拜」を行います。そして「名前／生年月日／住所＋願い事」を言いましょう。例えばシンプルに「平安 píng ān」と願い、もう一度「三拜」して線香を香爐（香炉）にさします。最後に合掌して終了です。

田中的 エクスペリエンス

バンドォー
辦 桌
bàn　zhuō

これぞ台湾ローカルの、野外宴会

近年、台湾内でも目にすることが減った、伝統的野外宴会「辦桌」。台湾語で「バンドォー」と呼びます。冠婚葬祭や寺の祝い事、尾牙會などさまざまな目的で会場はお寺の前の広場だったり、広場や道路を使って行われます。

円卓が多数並び、「總鋪師 zǒng pū shī」と呼ばれるシェフが料理を振る舞います。もてなしは食だけではありません。デコトラの荷台が開いてステージになる「電子花車 diàn zǐ huā chē」を使って、ダンスや歌を披露したり、なんとポールダンスでショーガールが登場することも。また台湾版の古典劇「歌仔戲 gē zǎi xì」のステージもよく一緒に行われ、ステージの壁画が中華ならではの色使いで龍やお寺の門が描かれます。このローカルアートは一見の価値あり。特に台北などでは広いスペースを確保できなかったり、結婚式なども室内の会場などで行うことが増えてしまいましたが、「辦桌」はまさに台湾を代表するローカル文化。南部や地方でたまに見かけることができますので、チャンスがあればのぞいてみましょう。

155

第三章

ゴガクを
モノにする

超・台湾華語

モテる台湾華語

カルチャーゴガクの目的の一つは、人として「モテる」こと。ここではその方法を伝授します。少しのゴガク力を自分のモノにすることで全く話せなかった時より相手との距離が近くなっていることを是非感じてもらいたいです。話せる語彙が少なくても発音が下手でも、うまくやっていけます。

♯ ゴガクはモノマネが近道

最も良い勉強方法は、ネイティブの会話やリアクションをモノマネすることです。特に、短文のモノマネコレクションを増やすのがおすすめです。一言で言えるので、ぜひ使ってみてください。

会話途中の「えーと」

えーと
那個...
nà ge

元々の意味は「あれ」で、「あれだよ、あれ」と、言っているイメージです。

話に対してリアクション① 「そうか」系

そうなんだ〜
是喔
shì ō

そうなんだ〜（そういう感じね）
這樣子喔
zhè yàng zi ō

言い方次第では聞き流すようにもなり、ずっしりと、聞き入れる様にもなる万能フレーズ。

話に対してリアクション② 「まじか?」系

まじで?
真的假的?
zhēn de jiǎ de

（省略系）
真假?
zhēn jiǎ

「嗎」を文末につける標準の表現は、「真的嗎?（本当ですか?）」に「假的（嘘です）」を組み合わせ「本当に?」という意味に。省略バージョンもあり。

まさか!?
怎麼可能？
zěn me kě néng

怎麼會這樣？
zěn me huì zhè yàng

「真的假的?」は、ポジティブな意味合いに使える一方で、こちらはネガティブな意味合いでよく使うフレーズ。

Oh my god !
我的天啊
wǒ de tiān à

（省略系）
天啊
tiān à

英語の「Oh! My GOD」を、そのまま華語にした表現。ポジティブにもネガティブにも、どちらにも使えます。

嘘つけー！　なんでやねん
屁啦
pì lā

「屁」は、お尻やオナラ。「ブー！」と相手の言っていることを否定する意味になります。友達同士などで使う分には OK。また、テレビの番組でも、「屁」のマークがよく出ますが同じ意味です。

リアクション「何？/どうしたの？」

どうした？
怎麼了？
zěn me le

直訳の意味は「どのように至ったか?」ですが、相手に対して、気遣うニュアンスが出ます。

何？
幹嘛
gàn má

注意！　「幹」だけでは、台湾で最も良くない言葉になります。くれぐれもこれだけで使わないよう注意しましょう。「幹嘛」は関係が近い人に「どうした? 何?」と聞く言葉。言い方次第やシチュエーション的には怒りを込めて「なんなんだよ！」という感じでも使えます。

今何してるの？
ほかにも… # 你在幹嘛？
nǐ zài gàn má

「ありがとう（謝謝）」と言われたら…

※「不用謝」「不謝」は、台湾ではあまり使いません

いいよ、いいよ
不會（不會）
bú huì　bú huì

2回繰り返した方が、よりカジュアルになります。

当然のことだよ
應該的
yīng gāi de

直訳すると「すべきこと」という意味。すごく感謝された時にこそ、さらっとこの言葉を言いましょう。

どういたしまして
不客氣
bú kè qì

「どういたしまして」と、お客さんを敬う時に使います。

そんなこと、そんなこと…

沒有沒有
méi yǒu méi yǒu

そんなことありませんってー！

沒有啦 (〜)
méi yǒu la

一回だけだと完全否定感が出てしまうので、2回繰り返す、または、文末に「啦 (日本語で語尾をのばす言い方と同じ雰囲気)」をつけて、冗談っぽく「そんなことありませんって〜」と返事をしても◎

お願い / 誘われたときの、気持ち良い返事

いいよ／いいですよ

好 啊！
hǎo a

もちろんできますよ（いいですよ！）

當 然 可 以
dāng rán kě yǐ

※「當然」（もちろん）だけでも可

大丈夫ですよ（問題ないですよ）

沒 問 題
méi wèn tí

了解です

了 解
liǎo jiě

※「了」の発音が完了 / 変化を意味する際の「了 le」ではなく、「liǎo」になるのでチェックしましょう。

田中的ポイント

2つの「大丈夫」の、使い分け

大丈夫 (問題ない) です

沒 問 題
méi wèn tí

大丈夫 (結構) です

沒 關 係
méi guān xī

「沒問題」と「沒關係」。2つとも"大丈夫"という意味で使える言葉ですが、使い分けはどう判断すればいいのか、よく迷います。
「沒問題」は、「問題がない」というニュアンスで誘いを受けた時や、都合を聞かれた時に使う「大丈夫」です。
一方、「沒關係」は「関係がない」と書き「気にしないで、大丈夫」というニュアンスで使うことができ、基本的には謝られる時に使う「大丈夫」です。

＃たった一言で、ネイティブ感 爆上がりフレーズ

短文での相手の心に届くネイティブのフレーズを、モノにしていきましょう。
同じ意味でも、たくさんの表現がありますが、まずは自分が言いやすい
フレーズを、みつけましょう。

ネイティブな 褒め方

全て形容詞なので、通常「很」が頭につきますが、
実際は省略していたり、「好」や「超」が表したい
程度に合わせて付ける文字は変わります。

● **物事に対して** ── すごい / 素晴らしい / いいね！

厲害	好棒	讚	不錯
lì hài	hǎo bàng	zàn	bú cuò

● **人に対して** ── かっこいい / 可愛い / 綺麗

かっこいい（見た目）
好帥
hǎo shuài

かっこいい（行動 / 状態）
好酷
hǎo kù

男らしい
好man
hǎo メーン
※英語の「men」を組み合わせた造語

可愛い
好可愛
hǎo kě ài

綺麗
好漂亮
hǎo piaò liàng

美しい
好美
hǎo měi

整っている
好正
hǎo zhèng

● **そのほか** ── 特別 / つよい / すごい！

特別
好特別
hǎo tè bié

くぅー、最高！（気持ちいい！）
超爽
chāo shuǎng

つよっ！（凄い）
好強
hǎo qiáng

特別
了不起
liǎo bù qǐ

台湾っぽい
很台
hěn tái

べっぴんさん
水啦
スイラッ

一番
一級棒
yì ji bàng
※日本語の「一番」が由来

スッゲー、どひゃー
哇噻
wà sài

※台湾語で婎 suí（＝綺麗）を意味し、「水」の発音が近いことからこの言葉が
　使われています（物事に対して『見事だ』、『すばらしい』という場合にも使います）

ネイティブな
譲り方

「何が食べたい?」「どこに行きたい?」
など、提案に対して使えます。でも、
多用には注意しましょう。

あなたに合わせますよ
看 你
kàn　nǐ

「看你的意見」の略で、
直訳は、あなたの(意見/都合)を見ます。

なんでもいいですよ
都 可 以
dōu　kě　yǐ

「都(=全て)」を入れて、
「全部大丈夫」という表現です。

お任せしますよ
交 給 你
jiāo　gěi　nǐ

「交(=与える、渡す)」の意味で、
「あなたに渡しますよ」からこの意味に。
「交給我」だと(=私に任せてください)になります。

お先にどうぞ
你 先
nǐ　xiān

特に、道や街中で相手譲る時に、この一言。

ネイティブな
気遣い / 励まし方

ちょっとした一言ですが、心の距離は
確実に縮まります。

大丈夫?
你 還 好 嗎?
nǐ　hái　hǎo　ma
你 還 OK 嗎?
nǐ　hái　ok　ma

你好嗎?你ok嗎?に、「還(=ひとまずまだ、
変わらず)」を入れると、ネイティブ度アップ
です。悪くなっていないことを前提とした、
気遣い表現です。

よろしくお願いします
麻 煩 你 了
má　fán　nǐ　le

「麻煩」は(=面倒をかける)の意味で、
直訳すると(私はあなたに迷惑をかける)で、
「お手数をかけます/よろしくお願いします」という
表現になります。

お疲れさま
辛 苦 了
xīn　kǔ　le

日本では挨拶代わりに使うこの言葉ですが、
台湾では仕事の際上司が部下に対して使う
「ご苦労様」のニュアンスに近いです。

大したことないよ
小 CASE 啦
xiǎo　case　la

何か、ミスをしてしまった相手を励ますときや、
相手が謝ってきた時に使います。

心配しないで
不用擔心
bú yòng dān xīn

無理しないで
不用勉強
bú yòng miǎn qiáng

「不用」は「不要」でも OK。
「擔心」は「心配する」、
「勉強」は「無理をする」の意味。

あなたならできる！
你可以的
nǐ kě yǐ de

英語だと「You can do it!」の意味のこのフレーズ。
「can」を意味する、「可以」を使いましょう。

お大事に
保重身體
bǎo zhòng shēn tǐ

「保重」は大事にする、
「身體」は身体の意味です。

先に休んで！
你先休息
nǐ xiān xiū xí

「休息」は、休むを意味します。
「先」を使うと、相手を気遣う感じがより出ます。

お構いなく
你先忙
nǐ xiān máng

相手が忙しそうだと察した時に、
このフレーズを使いましょう。

道中気をつけて！
慢走　　路上小心
màn zǒu　　lù shàng xiǎo xīn

相手がどこか外出するときに声をかけるフレーズです。「慢走」で直訳すると"ゆっくり歩く"ですが、「気をつけて」の意味になります。

田中的ポイント

ニュアンスが違う「ごめんね」。
台湾の謝罪事情

すみません
不好意思
bù hǎo yì sī

ごめんなさい
對不起
duì bù qǐ

「不好意思」と「對不起」の使い分けのニュアンスを掴みましょう。広く使われるのは「不好意思」。人に声をかける際に「Excuse me」という意味合いで使ったり、ちょっとしたことで謝りたいときもこれがベター。一方「對不起」は謝罪をする際に使う少し重たい言葉。日本人と「謝る」価値観が違う台湾人。滅多に「對不起」は聞かない気がします。そのほか、街中で人にぶつかったり、とっさの一言は英語の「Sorry」を使う人も多いです。

ネイティブな
他人の呼び方、声の掛け方

それぞれの立場や関係性による呼び方や、名前もわからない相手への声かけなど、それぞれの言い方を紹介します。

大人の男性に
対して
先生
xiān shēng

大学生以上
成人女性に対して
小姐
xiǎo jiě

小さな子どもに
対して
小朋友
xiǎo péng yǒu

学生に対して
同學
tóng xué

会社の同僚に
対して
同事
tóng shì

総統や政治家の
リーダーが国民に対して
同胞
tóng bāo

お店のオーナー、
経営者に対して
老闆
lǎo pǎn

※食堂などの
個人店も含む。

"女性の"オーナー、
経営者に対して
老闆娘
lǎo pǎn niáng

※食堂などの
個人店も含む。

青年に対して
帥哥
shuài gē

※元々は「＝イケメン」
を表す意味。

（若い女性に対して）
お嬢ちゃん
妹妹
mèi mei

おじいちゃん
阿公
アーゴン

おばあちゃん
阿嬤
アーマー

おじさん
阿伯
アベー

おばちゃん
阿姨
ā yí

初めて見かける名前もわからない人に対して、男性には「先生」、女性には「小姐」と声をかけます。顔見知りになった以降の呼び方でいつも迷うのが、女性に対して「阿姨」か「姐姐」問題。一般的な判断は、自分の母親以上の年齢の方には「阿姨」。それ以外は「姐姐」を使います。ただし、若めのファッションな年配女性に対して「阿姨」と使うべきかどうかがいつも迷います…。

おじちゃん
叔叔
shū shu

お姉さん
姐姐
jiě jie

ネイティブな
断り方

言い方や表情にも寄りますが、できる限り直接的でキツイ言い方や表現にならない言葉を、ご紹介します。

ひとまず結構です
先不用
xiān bú yòng

※断る言葉は、
「不要」よりも
「不用」の方が◎

お先に失礼します
我先走了
wǒ xiān zǒu le

※帰りたいときは、
「我走」よりも
「先」を間に加えて

今はむずかしそうですね…

目前沒有辦法
mù　qián　méi　yǒu　bàn　fǎ

「方法がありません（致し方ない）」の意味の「沒有辦法」も、「目前（今のところ／当分）」と、いれることで柔らかくなります。

今は都合があまり良くありません

現在不太方便
xiàn　zài　bú　tài　fāng　biàn

こちらは、「不方便（都合が悪いです）」、「現在（今は）」と「不太　あまり〜ではありません」を加えて、直接的な否定や拒否感を和らげます。

そのほかの使える
リアクション

ほら！

你看！
nǐ　kàn

※「（この事実）を見て」という意味合いから声掛けにも。「看你（あなたに任せるよ）」と混同しないようにしましょう。

まぁ、いいや

算了
suàn　le

そうだ、ところで

對了
duì　le

なるほど
そういうことでしたか

原來如此
yuán　lái　rú　cǐ

『やはり、やっぱりね〜』シリーズ

予想が
当たった
とき

やはり／案の定
果然
guǒ　rán

原因が
わかった
とき

やはり／道理で
難怪
nán　guài

『ありえない、半端ない』シリーズ

ありえない
很誇張
hěn　kuā　zhāng

※オーバーなイメージ。
　良い意味にも使います

ありえない
很離譜
hěn　lí　pǔ

※常識離れなイメージ。
　悪い時に使うことが多い

ありえない
太扯
tài　chě

※「誇張」や「離譜」の気持ちを
　さらに強調した表現

＃ネイティブな約束

仲を深めていくためには、"小さな約束"を続けていくことが大事です。
お別れの際などに「バイバーイ」だけではなく、次の約束を忘れずに。

○○ ＋「見」 　また○○に（で）会いましょう

時間や場所に関する言葉の後に、「見」で次回の約束ができます。正確には、
「我們明天會見」ですが、省略するのがネイティブです。

また明日！
明天見
míng tiān jiàn

また今度！
下次見
xià cì jiàn

※「下次」とは、
「次回」のこと

また東京で！
東京見
dōng jīng jiàn

来月台北でまた会いましょう！
下個月台北見
xià ge yuè tái běi jiàn

※時間と場所を、どちらも一緒に
使うことができます。
その際は時間を先に言います

後ほど！
等會見
děng huì jiàn

※正確には「等一會兒見」。
それを省略した表現。ちなみに
「等一下見」も同じ意味です

また会う約束しましょう！
再約
zài yuē

時間あるときまた話そう！
有空再聊
yǒu kòng zài liáo

※「有空的時候我們再聊天」の省略。「有空」は時間が
ある時の意味で、「聊天／聊聊」はおしゃべりの意味上の
「再約」とも組み合わせて、「有空再約」でも使えます

連絡取り合いましょう！
保持聯絡
bǎo chí lián luò

※こちらは定型フレーズ。
「我們要保持聯絡」の省略

相手の意見を聞く

相手に何か意見を聞く場合は、「嗎」ではなく「呢」を
使います。「你嗎？（あなたか？）」ではなく、「你呢？
（あなたは？）」となります。「呢」は、フォーマルの場
合で、友人同士などは、「咧」を使います。

カジュアル　　　　フォーマル
你呢？ / 你咧？
nǐ ne　　　nǐ lie

あなたは？

あなたはどう思いますか？
你覺得呢？
nǐ jué de ne

こちらも上記と同じ形で、
「覺得（思う）」を加えた表現です。

他にも

聞くんだけどさぁ
我問你喔
wǒ wèn nǐ o

何かを聞きたい際、
冒頭に。

田中的 ポイント

台湾語をさりげなく使って
ネイティブ力 UP

ネイティブの会話を聞いていると、華語の会話の中に、さりげなく台湾語を入れていくことがよくあります。台湾語まで手を伸ばせないよと思ってるそこのあなた！　簡単なフレーズだけでも台湾語にするだけで「え、なんで台湾語なのー！」と、台湾人が驚きと同時に喜びの声が。そんなこと言われたら、使わない理由はありませんね。

ありがとう
多 謝
ドォーシャー

すみません
拍 謝
パイセー

そうだよー
嘿 啊
ヘイアー

いいよ / わかった
吼（賀）
ホゥー

＃ アルファベットで表す、台湾華語

華語の基本は漢字で表記しますが、アルファベットで表現する言葉もあります。
これを使ったら、ネイティブ度はかなり上がります。

QQ

❶ 弾力を表す「もちもち / プニプニ」。
❷ cute の発音に似ているため「可愛い」という意味も。
❸ 目から涙の、チャットの顔文字で使われます (=TT)。

CP（値）

コストパフォーマンスの頭文字。
「CP 値超高（コスパ最高）」のように使われます。

3Q/NO Q

英語の「Thank you」と「No thank you」を数字とアルファベットで表現した言葉。

PO

「post」の略で、(SNS などに)「投稿する」を意味します。発音は「ポ」。

PK

「対戦する」ことを意味します。

XD

メールやチャットで使われる絵文字。回転させると X の部分が目で、D が口元で笑っている顔に見えます。

yyds

「永遠的神」の頭文字。「○○、超神!」の様に使えます。

QK

台湾語で「休憩」は、「きゅうけい」と呼ぶため、当て字で表現。

MC

生理 / 月経の隠語。台湾では友人などにも「生理 / 月経」の日と伝えていて、カルチャーショックを受けました。そのほか「好朋友（親友）」という表現も。

MIT

MADE IN TAIWAN の頭文字。特に近年台湾製造のものを積極的に買いましょうという。動きからよく街中で見かけます。

GG

オンラインゲームで負けた側が "Good Game" と退出していたことから、「終わった… / やっちまった…」の意味を表すように。

4ni

チャットなどで「是你」（あなただよ / あなたのことだよ）と使う際にこの様に表します。

3C

computer、communications、consumer electronics の頭文字をとった電化製品の総称。

＃ 数字の台湾華語

台湾人は、数字でも言葉を表したりします。数字の発音が似ているものを、当て字にして表現します。なんだか暗号のようで、解読できるとすごく嬉しいです。

87 白痴 バカ
bái chǐ

94 就是 まさに
jiù shì

98 走吧 行こう
zǒu ba

520 我愛你 愛してる
wǒ ài nǐ

881/886 拜拜(囉) さようなら （バイバイ）
bài bài luō

超ネイティブ！「当て字」な表現

「好吃」の台湾なまり	「感謝」の台湾語の発音	※「大家好」の台湾語の発音	負け組	勝ち組
好粗 hǎo cū	**剛蝦** gāng xiā	**打給厚** dǎ gěi hòu ※意味… 「みなさんこんにちは」	**魯蛇** lǔ shé	**溫拿** wēn ná

日本語の「おはよう」	OH MY GOD	サービス	日本語の「美味しい」
歐嗨呦 ōu hēi yōu	**歐買尬** ōu mǎi gà	**殺必速** shā bì sù	**喔伊細** o yǐ xì

日本語の「おみやげ」	Google	Google map	LINE
歐咪呀給 ōu mī ya gěi	**估狗** gū gǒu	**估咩** gū miē	**賴** lài

 田中的ポイント

ニュアンスが違う、「いいよ」を使いこなそう

ご飯食べに行かない？

我們一起去吃飯　好不好？
wǒ　men　yì　qǐ　qù　chī　fàn　　hǎo　bù　hǎo

言い方による影響はありますが、「好」の語尾に何を入れるかで、
相手に伝わるニュアンスが変わります。

わかったよ…!!	わかったわかった…	いいよ	いいよ！ **好的** hǎo de	いいよ！ **好啊** hǎo ǎ	いいよ!! **好欸** hǎo ě
好啦 hǎo la	**好好好好...** hǎo hǎo hǎo hǎo	**好吧** hǎo ba	**好** hǎo	**好喔** hǎo ō	

低 ←　　　　　　　　　　　　　　　　　　　　　　　　　　→ 高

（ちょっと怒っている／嫌な感じ）　（乗り気ではない）　（あまり乗り気ではない）　（普通）　（賛成／行きたい！）　（すごく賛成／行きたい!!）

169

＃ 歴代流行語を、10年プレイバック

台湾でも毎年、流行語が生まれます。たくさんある中で、
今でも気軽に使えるものをセレクトしました。

（2013） 加 倍 奉 還
jiā bèi fèng huán

こちら、日本の大人気ドラマ「半沢直樹」の
決め台詞 "倍返しだ"。

（2014） 已 讀 不 回
yǐ dú bù huí

日本同様、LINEをよく使う台湾。この言葉
の意味は「既読無視／スルー」。

（2015） 小 鮮 肉
xiǎo xiān ròu

「ピチピチとした肉体」という意味から、若
いイケメンの男性を表します。

（2016） 94 狂
kuáng

「**狂**」は「ヤバい」で、94は先述した通り、「**就是**」の当て字で意味は「それヤバっ」というようなニュアンス。

（2017） 嚇到吃手手
xià dào chī shǒu shǒu

インコのキャラクターが、台湾や中華
圏でも流行し、手を食べて驚いてる
姿から「**嚇到吃手手**」と言うワードが
流行しました。

嚇到吃手手

（2018） 母 湯
mǔ tāng

台湾語で「だめ！」を意味する言葉の当て字。光
頭哥哥がYouTubeで繰り返し使って、流行。

（2019） 是在哈囉？
shì zài hā luō

理解できない行為をした人に「もし
もし？」と聞く様な言葉。

（2020） 咩 噗
miē pū

日本でも流行した「ぴえん」のように、文末に付
けて使います。歌手の周興哲の曲「**怎麼了**」の
歌詞に使われ、若者たちに広がりました。咩は
羊の鳴き声を表しています。

（2021） 歸 剛 欸
guī gāng è

大きなクラゲを人が持ち上げると頭と胴
体が無惨にも割れてしまった映像に対し
て、台湾語の吹き替え動画をきっかけに
流行。「何してくれてんだよ」の意。

（2022） 芭 比 Q 了
bà bǐ Q le

元々はオンラインゲーム内で、バーベキューを
当て字で表した言葉。「終わった…しまった」を
このように表します。

挖 苦 挖 苦
wā kǔ wā kǔ

日本のアニメ「SPY×FAMILY」は、台湾でも大
人気。キャラクターの1人、アーニャの決め台詞
である「ワクワク」がそのまま当て字となりました。

＃成語／熟語／慣用句

中国語にも四字熟語や成語があり、使えそうなものだけ覚えて、
ここぞと言う時に使いましょう。

一目惚れ
一見鍾情
yí jiàn zhōng qíng

ごちゃごちゃ／めちゃくちゃ
亂七八糟
luàn qī bā zāo

そっくり
一模一樣
yī móu yī yàng

口の中でとろける
入口即化
rù kǒu jí huà

わけがわからない
莫名其妙
mò míng qí miào

種々それぞれ
各式各樣
gè shì gè yàng

まぁまぁ
馬馬虎虎
mǎ mǎ hǔ hǔ

豚に真珠（直訳は牛にピアノ）
對牛彈琴
duì niú tán qín

知らず知らずに
不知不覺
bú zhī bú jue

田中的ポイント

知っていたらすごい！『吃』を使った隠語

やきもちを焼く
吃醋
chī cù

セクハラ
吃豆腐
chī dòu fǔ

運が悪い
吃鱉
chī biē

突き指
吃蘿蔔
chī luó bo

「知ってるねー！❷」 悪口やスラング 編

注意

壞話　髒話
huài huà　zāng huà

使わなくても知っておくと、仲良くなった友達同士の話のネタとして、むしろ仲良くなれますが、基本的には本当に汚い言葉なので、知識として知っておく程度にしておきましょう。

バカ ─── アタマコンクリート ─
白痴 / 笨蛋 / 阿搭罵恐古利
bái chī　bèn dàn　ā dā mà kǒng gǔ lì

KY
白目
bái mù

お節介
雞婆
jǐ pó

嘘つけ！
屁啦
pì la

ウザい
機車 / 雞掰
jǐ chē　jǐ bāi

たわけ
靠北 / 靠腰
kào běi　kào yāo

クソ
幹
gàn

※「幹」は日本語における「クソ○○」という称賛の意味にも使われてるため例えば「幹好吃」(クソ美味しい) という形でも使われます

イカれてる
神經病 / ㄎㄧㄤ※
shén jǐng bing　キャン

くそったれ
他媽的
tā mā de

※大阪のスーパー「玉手」がこれの発音に近いことも台湾人との話のネタになります

※台湾語からの言葉で拼音にはない音のため
注音で表記します

花蓮の港町・豊濱の星空

星座を大事にする台湾人から見た 各星のイメージ

台湾では、星座によって判断をする習慣があります。よく「あなたの星座何?」と聞かれますので、自分の星座のイメージをチェックしてみましょう。

あなたの星座は何ですか?

你 是 什 麼 星 座?
nǐ　shì　shí　me　xīng　zuò

12星座

おひつじ座

牡羊座
mǔ　yáng　zuò

楽観 / 誠実 / 親切 / 自分のことしか興味がない / せっかち / 怒りっぽい

おうし座

金牛座
jīn　niú　zuò

我慢強い / 優雅 / 固執 / ケチ / 現実主義

ふたご座

雙子座
shuāng　zǐ　zuò

好奇心旺盛 / 反応が早い / アウトドア派

かに座

巨蟹座
jù　xiè　zuò

世話好き / 責任感が強い / センチメンタル / 優柔不断

しし座

獅子座
shī　zǐ　zuò

心が広い / ユーモア / 消費癖 / 面子を大事にします

おとめ座

處女座
chǔ　nǚ　zuò

完璧主義者 / 謙虚 / 潔癖 / 細かい / 約束を守ります

てんびん座

天秤座
tiān　píng　zuò

理想主義 / ロマンチック / わがまま / 話好き

さそり座

天蠍座
tiān　xiè　zuò

好き嫌いがはっきりしています / 愛情深い / ツンデレ / 直感的

いて座

射手座
shè　shǒu　zuò

勇敢 / 熱し易く冷めやすい / 刺激好き

やぎ座

魔羯座
mó　jié　zuò

賢い / 現実派 / 孤独 / 疑い深い / 頼りになります

みずがめ座

水瓶座
shuǐ　píng　zuò

社交的 / 好奇心旺盛 / 独立志向 / 非現実的

うお座

雙魚座
shuāng　yú　zuò

ロマンチック / 騙されやすい / 現実逃避 / 気が利く

旅する台湾華語

台湾は小さな島国ですが、首都の台北1つにしてもエリアによって、全然違う街並みで人、文化が全く異なります。

♯ 台北を代表する、エリア別考察

日本でも、駅やエリアで人や雰囲気が違いますが、台北にも特徴的なエリアがいくつもあります。私見も含めて、特徴を紹介します。

台湾人の青春の通り

① 西門町
xī mén dīng

● ティーンが多い（中高生）
● アニメ／漫画系のお店も多い
● タトゥー屋／辣妹（ギャル）／
メイク・コスメ重視

ファッションピープルの繁華街

② 東區（忠孝復興 / 忠孝敦化
dōng qū / 國父紀念館）

● 裏通りにハイブランドの店や、
おしゃれな飲食店
● 近隣にクラブも多数
● 全体的に家賃が高い

カルチャー好き"文青"の学生街

③ 師大・
shī dà
台大エリア
tái dà
（古亭/台電大樓/公館）

- 名門台湾大学と、師範大学がある学生街
- 古本屋／喫茶店／ライブハウスなどが多い
- カルチャー好き"文青"が集う（っていた？）

台北の中心街、"新·文青"が集まる裏通り

④ 中山 （赤峰街）
zhōng shān

- 数年前より、物価も家賃も高騰
- 裏通りの赤峰街は、もともと
  町工場が立ち並んでいました
- ビルをリノベーションしたショップやカフェが、
  続々とオープンしています

歴史深い台北下町エリア

⑤ 大稲埕
dà dào chéng
（迪化街）

- 赤レンガ造りの建物が並ぶ。乾物や漢方薬、
  布地問屋が集まる「迪化街」が中心
- この辺りを指す際「**迪化街**」や、
  エリア名「**大稲埕**」と呼ぶこともあります
- 最寄駅は「大橋頭」か「北門駅」

⑥ 萬　華
wàn huá
（龍山寺）

- **大稲埕**の発展と同様に、淡水河の水運貿易で発展
- 最も有名なスポットは、台北最古の寺の1つ「龍山寺」
- 台北一ディープな夜市「華西夜市」をはじめ、個性豊かな
  おっちゃんおばちゃんが多いアジア的カオスな街

―――――――――（ そのほかのエリア ）―――――――――

暮らしを大事にする
大人のカルチャー街

⑦ 民生社區
mín shēng shè qū
（富錦街）

- 1960年から70年代にかけて、台湾政府が
  アメリカの都市づくりを参考に開発を進めました
- 「富錦街」には日本の「BEAMS」をはじめ、
  この街を一躍有名にした「FUJIN TREE」などがあり、
  大人のカルチャーエリアとしてここ数年で大変化

外国人駐在員も多い高級住宅街

⑧ 天母
tiān mǔ

- アメリカンスクールや日本人学校などがあり、
  子どものいる駐在員に人気
- 住人のことを皮肉り「天龍人（特権階級を
  意味する）」と呼ぶこともあります

小洒落た、台北のカフェ、
ショッピング街

⑨ 永康街
yǒng kāng jiē

- 有名な小籠包店「鼎泰豊」の
  本店がある観光客にも人気観光地で
  ある一方、地元の人たちに人気の
  小洒落たカフェも多い

♯ リノベーション全盛！
今時の 台北カルチャースポット

❶ 華山1914 文創園區
（華山）
huá　shān

1914年、日本統治時代に建てられた酒造工場をリノベーションしました。ライブハウスや映画館、レストランのほか、芝生の広場も。ここでのんびりするのも最高。

❷ 榕錦時光生活園區
（榕錦）
róng　jǐn

日本統治時代の刑務所をリノベーションした複合施設。庭園なども日本式で「台北の小京都」とも呼ばれています。

❸ 松山文創園區
（松菸）
sōng　yān

1937年完成のタバコ工場跡をリノベーション。敷地内には誠品のホテルの他、跡地を使ったイベントも。

❹ 四四南村（好，丘）
（好，丘）
hǎo　qiū

「四四南村」という軍人と、家族が暮らしていた集落をリノベーションした複合施設。休日を中心にマーケットがよく開催されます。

❺ 宝蔵巌国際芸術村
（寶藏巖）
bǎo　zàng　yán

台北を代表するアートスポット。清朝時代に移民が作った村から軍用施設、戦後は退役軍人の住居となった建物が生まれ変わっています。2004年には歴史的建築物に登録されました。

※正式名称及び、
　（）で通称を紹介しています

＃ ここは抑えておきたい！　台北定番観光地

❶ 九 份
jiǔ　fèn

赤提灯とノスタルジックな哀愁が漂う「老街」。映画「悲情城市」のロケ地として、再び注目をされるようになりました。

❷ 行 天 宮
xíng　tiān　gōng

1967年に建立。毎日やっているお祓い「収驚」を無料で受けることできます。名前を伝えると身体の邪気を払ってくれます。

❸ 1 0 1
yī　líng　yī

地上101階建て、高さは509.2m。展望台に登って景色を楽しめ、また建物内のショッピングモールもあります。

❹ 故宮博物院
gù　gōng　bó　wù　yuàn

世界四大博物館のひとつと言われている「故宮博物院」。収蔵品は70万点、世界一の中国美術工芸品が展示されています。

❺ 淡 水
dàn　shuǐ

淡水河の、水辺から見える夕暮れは絶景。またオランダ占領時代の歴史的建物も残り、異国情緒ある街並みが楽しめます。

❻ 北 投
běi　tóu

かつて日本統治時代に生まれた台湾最大の温泉郷。また台北を代表する陽明山は登山客にも人気の観光地。

＃ 日帰りで、台北近郊のローカルを楽しむ　台北近郊へ小旅行

❶ 基 隆
jī　lóng

台北の北端、貿易・物流の重要拠点の港町。基隆夜市は各屋台ともレベルが高く、おすすめです。「雨都」と呼ばれ雨がよく降ります。

❷ 深 坑
shēn　kēng

新北市の小さな街で、良質な水質が豆腐作りに適しているため「豆腐の故郷」として知られています。「深坑老街」には「臭豆腐」の名店が。

❸ 鶯 歌
yīng　gē

良質の粘土が発見され、陶器造りが盛んになった街。街並みも統一感があり、歩いているだけでも楽しい。

❹ 猴 硐
hóu　tóng

かつて台湾最大の炭鉱都市として栄えた町。現在は人口の200倍とも言われるほど多くの猫が暮らす「猫村」として有名に。

中山と中正、実は人の名前だった

中正紀念堂
zhōngzhèng jì niàn táng

國父紀念館
guó fù jì niàn guǎn

台北を代表する観光スポットの１つでもある「中正紀念堂」。そのほか区名や道の名前とよく見かける「中正」。一方人気の繁華街「中山」もよく見かける地名。実はこの２つどちらも台湾を語る上で欠かせない歴史上の人物の名前なのです。「中正」は蒋介石氏の旧名で蒋中正。現在の桃園国際空港もかつては「中正國際機場」でした。そして「中山」は中華民国の生みの親である孫文氏。旧名は「孫中山」です。ちなみに蒋介石氏を祀る中正紀念堂に対して「國父紀念館」は"国の父"である孫文氏を祀られた記念館です。

台湾の地方都市

台中
tái zhōng

中部最大の近代的都市、暮らしやすさは No.1 !?

台北から新幹線で約 45 分、中部の大都市・台中。近年人口が高雄を抜き第二の都市となりました。
台北に比べて土地が豊富で、街を流れる川や緑、公園が多く、その一方で大規模な再開発など近代的な建物が増え、いつ来ても変化が絶えません。

台中らしいスポット

眼科をリノベーションした、スイーツショップ

宮原眼科
gōng yuán yǎn kē

日本統治時代の眼科を、地元の人気ケーキ店「日出」がリノベーション。店内はファンタジックでレトロな洋館。そして日出のオリジナルのパイナップルケーキなどのお菓子はパッケージも秀逸、何度来ても飽きません。

タピオカミルクティーの発祥

春水堂
chūn shuǐ táng

創業 1983 年、日本にも店舗展開している「春水堂」の創業の地です。店の看板商品といえば、このお店が発祥のタピオカミルクティー。

クリエーティブチームが手がけるカルチャー基地

本冊
běn cè

クリエーティブチーム「ARTQPIE」が運営するカルチャー基地「本冊 BOOK SITE」。DIY でカルチャーを作りあげていく、台中カルチャーの一面でもあります。

食のトレンドはここから

逢甲夜市
féng jiǎ yè shì

逢甲大学のそばで始まった夜市が規模を拡大し台湾最大となりました。台湾のグルメの流行は、「**逢甲夜市**」から始まると言われるほど、毎回新しい発見があります。

宗教の祭典

大甲遶境
dà jiǎ rǎo jìng

台中の大甲区では道教の神様である媽祖の誕生日を祝う宗教行事として8泊9日で大甲の鎮瀾宮を出発し、最終目的地である嘉義県の奉天宮まで各地の寺を巡ります。

台 中 の 旅 す る 雑 学

バーワンの違いを
知っておこう

肉 圓
ròu yuán

台中のお隣、彰化が発祥の台湾グルメ「**肉圓**」。中部は蒸すのに対して、南部では揚げるのが主流。違いを知っておくとネイティブとの話が弾みます。

※バーワン（台湾語）と呼ぶのが主流

台中はヤクザが多いって本当…?

黑 道
hēi dào

台中は台湾で一番ヤクザ（台湾マフィア）の多い町。銃撃ニュースの印象はあるものの、実際の治安は悪くはありません。

台中にしか売っていない
調味料がある

東 泉 辣 椒 醬
dōng quán là jiāo jiàng

甘辛チリソース。どこの食堂に行っても見かけるローカルソースですが、台中にしか売っていません。

田 中 的 ポ イ ン ト

台中弁を使ってみる

台湾なまり
台 灣 腔
tái wān qiāng

台中弁
台 中 腔
tái zhōng qiāng

台湾で公用語として話す華語は、台湾人ならでは"なまり"があり、「**台灣腔**」と言います。しかし日本のように地域差はあまりありません。さてその中でも台中人の話す言葉は少し特徴的と言われ、これを「**台中弁**」と呼びます。覚えやすい特徴の1つに台中人は「**ヒョー**」とよく言います。元々この言葉は台湾語で、意味は「そうか〜」の意味です。台中人はよくこの言葉を会話の中にミックスする傾向があり、これが聞こえたらその人は台中人かもしれません。なまりのことを「**腔調** qiāng diào」といい、台中なまりは「**台中腔**」です。

台湾の地方都市

台南
tái nán

歴史と文化が織りなす古都、
豊かなグルメのまち。

かつて都であったこともあり、お寺や歴史的建物も
多く、有名スポットなど市内にギュッとまとまってい
ることから、観光客にも人気です。

台南らしいスポット

古都を代表する
歴史古蹟

赤崁樓
chì kǎn lóu

オランダ統治時代の1653年に創
設されたプロビンティア城。解放
後、「赤崁樓」と名前が改められ、
現在は台南を代表する観光ス
ポット。

デパートから、
台南のランドマークに

林百貨
lín bǎi huò

日本統治時代に山口県出身の林
方一氏により創立した「ハヤシ百
貨」。終戦後閉業し、2014年に「林
百貨」としてリニューアルオープン
しました。

「台湾」の名前が
生まれた街

安平
ān píng

元々「大員」と呼ばれ、これが「台
湾」の語源とも。またこのエリアに
ある「安平老街」は、台湾で最も
古い商店街。個人的なおすすめは
ここからの夕日観賞。

美食のまち随一の
グルメ街

國華街
guó huá jiē

小吃が勢揃いしたグルメストリート。雑誌
『BRUTUS』の表紙も話題に。朝早くから、観光
客や地元の人たちで活気があります。

商店街が一致団結

正興街
zhèng xìng jiē

町おこしの先駆け。"世界で最も
視野の狭い"と題した商店街の
雑誌発行や、イベントの企画な
どで知名度があがりました。

台南の旅する雑学

台湾で一番新鮮な牛肉が
食べられる地域

善化
shàn huà

台南グルメの代表の1つと言えば
「牛肉湯(牛肉スープ)」。台南最
大の牛の加工場があり、台湾で
最も新鮮な牛肉が食べられます。

絶対食べてほしい
名物麺

意麵
yì miàn

台南名物のちぢれ麺。特にオス
スメな店が「民生路無名意麺」。
ここの汁なし意麺「乾意麺」は台
南で一番好きなご飯です。

台南人は甘党、
なんでも甘い!?

南甜北鹹
nán tián běi jián

南部の味付けは甘く、北部の味付
けはしょっぱいという意味の「南甜
北鹹」。台南はサトウキビ生産が盛
んで、味付のベースとなりました。

田中的ポイント

看心情
kàn xīn qíng

台南人はマイペース？
お店の看板に驚きの文字

台南に初めて行った時のこと。スマートフォンで行きたいカフェと時間を調べて行くと、お店が閉まっていました…。時間の書かれた看板を見ると、「**Open 看心情 Close 22:00**」という文字が。また、別のお店では「**Open 14:00 Close 看老闆心情**」と書いてあります。つまりこれは、「**オーナーの気分次第**」を表す言葉で、これを見た時のカルチャーショックはすごかったです。台北でもなかなか見かけないことで、ゆったりとした時間の価値観は台湾南部ならではです。

台湾の地方都市

高雄
gāo xióng

イチオシ！
南部最大の港湾都市

高雄は、個人的にもお気に入りの街です。アクセスしやすい空港、新幹線に電車とインフラもバッチリで観光もしやすい一方、人口密度も高くなく、南部特有のゆったりとした雰囲気が本当に心地よいです。

高雄らしいスポット

高雄の
シンボル的存在

龍虎塔
lóng hǔ tǎ

色鮮やかな龍の塔と、虎の塔が印象的なパワースポット。龍の口から入り虎の口から出ることで、災いがなくなるとされています。

市内を流れる
ロマンチックな川、
その名も"ラブリバー"

愛河
ài hé

河辺には遊歩道があり、特に夜はライトアップされ、夜風に当たりながら散歩するのに最高です。

台湾一美しい
地下鉄の駅

美麗島站
měi lì dǎo zhàn

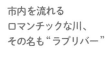

高雄のMRTの中心の駅「美麗島駅」は、名前の通り、美しいステンドグラスアートが楽しめるフォトジェニックステーション。

港町・高雄随一の潮風が
心地よいカルチャースポット

駁二
bó　èr

旧倉庫街を、リノベーションして造られた複合施設。おしゃれなショップやカフェ、ギャラリー、ライブハウスに本屋、映画館があり、一日いても飽きません。

高雄の新旧が混ざり合う
暮らしとカルチャーのまち

鹽埕區
yán　chéng　qū

今、大注目の高雄港に近いエリア「鹽埕(塩埕)」。高雄港を玄関口に日本とも関係の深い街で、日本統治時代は、高雄の市庁舎までありました。現在はそこで、若い世代が新しいお店やビジネスを始めています。

旅する雑学　高雄編

チケットは10分で完売!?
台湾最大の音楽フェス

大港開唱
dà　gǎng　kāi　chàng

高雄港の「駁二」で、2006年から毎年開催される、台湾最大の音楽フェス。チケットが10分で売り切れになるという人気ぶり。

台湾でよく見かける「眷村」。
高雄の眷村は新しいまちへ

眷村
juàn　cūn

戦後、中国大陸から台湾に渡ってきた外省人の軍人や、公務員が暮らしていた集落。店舗などが入り、新しい活用がされています。

日本統治時代の「浜線
HAMASEN」が今も残る高雄港

哈瑪星
hā　mǎ　xīng

現在、高雄港の周辺は台湾語で"ハマセン"と呼ばれています。その名前は、当時走っていた鉄道「浜線」から付けられています。

田中的ポイント

高雄人に喜ばれる
1～10の言い方

一 心	六 合
yī xīn	liù hé
二 聖	七 賢
èr shèng	qī xián
三 多	八 德
sān duō	bā dé
四 維	九 如
sì wéi	jiǔ rú
五 福	十 全
wǔ fú	shí quán

高雄人であれば誰でも言える、不思議な数字のかぞえ方があります。
日本統治時代に、日本語の地名や「丁目」にはなった高雄のまちも、その後新しい地名をつける際に、主要な幹線道路をかつての偉人たち(孔子や荘子)などの言葉を使い名称をつけました。その地名に馴染んで育った高雄人は一から十までスラスラとかぞえられるのは当たり前。かぞえなかった高雄人の偽物かも?　反対に高雄の人にこれを伝えられたら気に入られること間違いなし!?

そのほかの地域の名前を覚えよう

基隆	桃園	新竹	苗栗	南投
jī lóng	táo yuán	xīn zhú	miáo lì	nán tóu

彰化	宜蘭	花蓮
zhāng huà	yí lán	huā lián

台東	雲林	嘉義
tái dōng	yún lín	jiā yì

屏東
píng dōng

離島

綠島	澎湖
lǜ dǎo	péng hú

金門	蘭嶼
jīn mén	lán yǔ

馬祖
mǎ zǔ

馬祖

桃園　台北
新竹　宜蘭
苗栗
台中
彰化　南投
澎湖　雲林　花蓮
嘉義
台南　高雄　台東
屏東　　緑島

金門

蘭嶼

田中的 ポイント

環 島
huán dǎo

台湾一周の旅へ

九州と大体同サイズの台湾本島。鉄道や、バイク、電車で一周することを「環島」と言い、学生はもちろん年配の方などに、様々な方法で楽しまれる国民的アクティビティ。大きな道路を中心に道路標識には「環島」の文字が書いてあることがあります。台湾人ならば一生に一度は台湾を環島するべきとも言われています。

＃会話の鉄板ネタ、 日本旅行の話

世界の中でも、日本旅行をしたことのある人が圧倒的に多い台湾。老若男女、どんな人とでも、よく日本旅行の話になります。「日本行ったことあるよー」と、ボールが届いたら、ぜひ「お、どこに？」とか、自分の住んでいる場所の名前も含めて、一言二言、話せるようになりましょう！

CHECK❶ 東京、大阪、京都、北海道、沖縄の呼び方は、
まず覚えておいた方がいい。

日本に行ったことがあるよ！

我 有 去 過 日 本 喔 ⟶
wǒ yǒu qù guò rì běn ō

どこに？

去 了 哪 裡？
qù le nǎ lǐ

東京、大阪、名古屋、あと沖縄にいきました！

我 去 了… 東京，大阪，名古屋 還有沖繩！
wǒ qù le dōng jīng dà bǎn míng gǔ wū hái yǒu chòng shéng

すごいね！

➤ **喔 喔 喔 好 厲 害**
ō ō ō hǎo lì hài

いつ？

➤ **什麼 時候？**
shí me shí hòu

地元はどこ？

日本の都道府県

		北海道	沖繩
		běi hǎi dào	chòngshéng

東 北 dōng běi	青森 qīng sēn	秋田 qiū tián	岩手 yán shǒu	山形 shān xíng	宮城 gōng chéng	福島 fú dǎo	
關 東 guān dōng	茨城 cí chéng	栃木 lì mù	群馬 qún mǎ	埼玉 qí yù	千葉 qiān yè	東京 dōng jīng	神奈川 shén nài chuān
信 越 xin yuè	新潟 xīn xì	長野 cháng yě	北 陸 běi lù	富山 fù shān	石川 shí chuān	福井 fú jǐng	
中 部 zhōng bù	山梨 shān lí	愛知 ài zhī	靜岡 jìng gāng	岐阜 qí fù			
關 西 guān xī	滋賀 zī hè	京都 jīng dū	大阪 dà bǎn	兵庫 bīng kù	三重 sān chóng	奈良 nài liáng	和歌山 hé gē shān
中 國 zhōng guó	岡山 gāng shān	鳥取 niǎo qǔ	島根 dǎo gēn	廣島 guǎng dǎo	山口 shān kǒu		
四 國 (島) sì guó dǎo	香川 xiāng chuān	德島 dé dǎo	愛媛 ài yuán	高知 gāo zhī			
九 州 jiǔ zhōu	福岡 fú gāng	佐賀 zuǒ hè	長崎 cháng qí	大分 dà fēn	熊本 xióng běn	宮崎 gōng qí	鹿兒島 lù ér dǎo

CHECK❷ 好みを聞いたり、ほかに行きたい場所を聞く。

最喜歡哪裡？
zuì xǐ huān nǎ lǐ

> どこが一番好きでした？（よかったですか？）

下次想去哪裡？
xià cì xiǎng qù nǎ lǐ

> 次どこいきたいですか？

CHECK❸ 自分の出身を聞かれるときの、テンプレートを作っておく。

我是○○人

你是哪裡人？
nǐ shì nǎ lǐ rén

> どこ出身ですか？

我是福井人
wǒ shì fú jǐng rén

> 福井出身です

誰でも知っている都市の場合は「おおお、北海道ね！」というように、
食い気味に反応してくれますが、私の出身地福井だと「ほぉ…へぇ…」という反応が茶飯事。
そんなリアクションの相手に対しても、簡単に地元を紹介できるとグッドですよね。

STEP 1 有名どころを基準に紹介

福井は京都の上に位置してます

福井在京都的上面
fú jǐng zài jīng dōu de shàng miàn

STEP 2 名産や有名なものの単語を2、3個覚えておく。

福井的名産是～

かに	コシヒカリ	恐竜	メガネ
螃蟹	越光米	恐龍	眼鏡
páng xiè	yuè guāng mǐ	kǒng lóng	yǎn jìng

STEP 3 台湾との共通点が言えるとさらに親近感 UP

福井の有名な焼き鳥屋の秋吉は台北にもあります

福井有名的串燒店叫秋吉在台北也有
fú jǐng yǒu míng de chuàn shāo diàn jiào qiū jí zài tái běi yě yǒu

STEP 4 最後を印象付ける1ネタがあるとなおよし

福井は北陸の秘境です

福井是北陸的秘境
fú jǐng shì běi lù de mì jìng

田中的 ポイント

台湾人の日本旅行の傾向

世界的に見ても、旅行で日本へ行ったことのある割合が非常に高い台湾人。東京 / 大阪 / 北海道など、都市部に限らず、近年は、地方への旅に注目度が高まっています。芸術祭を機に人気が出た瀬戸内エリアに加え、飛行機や距離の利便性から福岡を経由した九州のローカルエリア、また日本の冬、雪といえば北海道だったところが近年は、東北や北陸なども人気の傾向にあります。そんな中、最近一番困っているのが「お土産問題」。以前は日本にあって台湾にないものが多かったのですが、コロナ禍もあり、これまで以上に都市部を中心に、台湾内でもほとんどのものが手に入るようになりました。そのため、お土産選びもその地域でしか手に入らないものが、好まれるようになっています。

田舎
鄉下
xiāng xià

地方 / ローカル
地方
dì fāng

お土産
伴手禮
bàn shǒu lǐ

カルチャーと台湾華語

言語を少しでも理解していると、音楽、映画、本への愛着がより一層深まります。ここで紹介するのは、僕の好きなもの経験したことの中から、語学交え台湾のカルチャーをお伝えします。

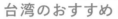

台湾のおすすめ **音 樂** 10選
音 楽
yīn　yuè

―――― Artist ――――

糯米糰
nuò　mǐ　tuán

台湾ポップスは、しっとりバラードのイメージでしたが、それを払拭してくれたのがこの曲。歌手に俳優とマルチに活躍する馬念先がボーカルの「**糯米糰 Sticky Rice**」。一押しの『**巴黎草莓**』は渋谷系のソフトロック。

透明雜誌
tòu　míng　zá　zhì

台湾のインディーズ音楽を語る上で外せないバンド。彼らの曲を聴いて台湾音楽に興味を持ち始めた日本人の多いはず。歌詞が覚えやすいナンバーの「**野貓（野良猫）**」。シンプルな歌詞と爽快なリズムが一押しの一曲です。

盧廣仲
lú　guǎng　zhòng

おかっぱ頭、短パン、メガネ姿と、キャッチーなアイコンのシンガーソングライター「**盧廣仲**」。彼の初期の代表曲で台湾の朝ごはん屋を歌うこの曲は歌詞のほぼ半分が「**對啊 dui a そうだよ**」と簡単に口ずさめます。

※ 現在は「安溥」の名前で活動

張懸
zhāng　xuán

これぞ、台湾らしい優しいギターが持ち味の実力シンガーソングライター・張懸。シンプルなコード進行と歌いやすいメロディー、透明感ある歌声をまねて当時よく友人がカラオケやギターで歌っているのを耳にして覚えました。

おすすめ曲

「巴黎草莓」
bā　lí　cǎo　méi

「野貓」
yě　māo

「早安,晨之美!」
zǎo　ān　chén　zhī　měi

「寶貝」
bǎo　bèi

落日飛車
luò rì fēi chē

今、世界的に最も有名な台湾インディーズバンドといえば彼ら。シティポップをベースにジャズやソウル、AOR、サイケデリックなど幅広いジャンルを組み合わせています。圧倒的な音楽センスは、一聴の価値ありです。

9m88
jiǔ m bā bā

NYで音楽を学んだ、台湾の新世代女性シンガー「ジョウエムバーバー」。竹内まりや「Plastic Love」のカバーでも話題となった彼女は、近年のシティーポップブームが拍車をかけ、瞬く間に台湾を代表するシンガーに。

溫蒂漫步
wēn dì màn bù
Wendy Wander

南国らしさと、メロウな曲が特徴の5人組ポップバンド。近年、多くの若手インディーズバンドが増えている中、一押しが彼ら。その中でも大好きなこの一曲は台湾の快晴の朝にとびっきりぴったりなアップテンポな目覚めソング。

LEO王
LEO wáng

台湾の新世代ヒップホップを牽引する異才のラッパー「リオ・ワン」。彼の楽曲は、ヒップホップの枠を超えたサウンド、エンタメ性のあるMV。楽曲「白飯」で出てくるフレーズ「呷飯（ジャップン）」という台湾語の「吃飯」の意味も覚えておくと◎

おすすめ曲

© Sunset Music Productions Co., Ltd

「**My jinji**」

© Licensed by P-VINE, Inc.

「九頭身日奈」
jiǔ tóu shēn rì nài
NINE HEAD HINANO!」

ジャケット写真〈平庸之上〉
脳漿漫歩 Wendy Wander

「讓我住進你心裡」
ràng wǒ zhù jìn nǐ xīn lǐ

© 顔社 KAOINC. / Leo 王

「白飯」
bái fàn

滅火器
miè huǒ qì

高雄出身のパンクバンド。彼らを台湾で知らない人がいないほど知名度を上げた出来事が2014年の太陽花學運（ひまわり学生運動）。デモ活動のアンセムソング「島嶼天光」。日本語訳は「この島の夜明け」。

陳雷
chén léi

ほかの歌い手とは、毛色が違う歌謡界のベテラン。最も有名な一曲は「歡喜就好」。歌詞は全て台湾語、曲名は「人生を楽しく過ごせたら、それでいい」という意味の台湾語。この曲を知っているだけで台湾人と仲良くなれます。

おすすめ曲

© FIRE ON MUSIC

「島嶼天光」
dǎo yǔ tiān guāng

No Image

「歡喜就好」
ファンヒーディオホウ

田中的 ポイント

現地のライブハウスで使える！

アンコール
安可！
ān kě

音楽を聴くのに、ライブに勝るものはありません。演奏はもちろん、アーティストのMC、ファンのリアクションなどからゴガクをよく学びました。最初に覚えたのがライブ終盤の「アンコール」。ぜひ覚えて、現地のファンと一緒に盛り上がりましょう。日本では禁止されていることの多い、ライブ中のアーティストの写真や動画撮影も、基本はOKですよ。そして、台北を代表するライブハウスといえば、「**THE WALL**」。台湾のアーティストはもちろん、海外のアーティストもここでライブすることが多い人気のライブハウスです。そのほか、日本とアジアの音楽をつなぐ寺尾ブッタ氏が営むレーベル＆ショップ「大浪漫商店」や透明雑誌のボーカル・モンキー（洪申豪氏）が仲間たちとオープンした「**PAR STORE**」も要チェックです!!

※画像はおすすめ曲収録のアルバムジャケットです

台湾の電影（映画 diàn yǐng）10選

1. 『悲情城市』 bēi qíng chéng shì / 侯孝賢 hóu xiào xián （1989年公開）

"台湾人であれば必ず見るべき"と、いわれている国民的映画監督・ホウシャオシェン氏の名作。二二八事件で翻弄された**九份**のとある家族を描いた物語。この作品で「台湾」を知り、台湾の歴史に興味を持った僕にとっても思い出深い一作。

2. 『一一』 yī yī / 楊德昌 yáng dé chāng

邦題『ヤンヤン 夏の想い出』 （2000年公開）

侯孝賢とともに台湾映画シーンを作り上げたエドワードヤン。彼の作品は、都市部に住む人々の不条理や孤独、問題を描くものが多いです。中でもこの作品は、主人公ヤンヤンのキャラクターに反して彼の視点の鋭さにハッとさせられる作品です。

ヤンヤン 夏の想い出／DVD：¥4,180（税込）／発売元：Y2K 映画製作委員会／販売元：ポニーキャニオン／(C) 2000, 1+2 Seisaku Iinkai

3. 『艋舺』 měng jiǎ / 鈕承澤 niǔ chéng zé

邦題『モンガに散る』 （2010年公開）

台北の観光名所「龍山寺」。このお寺のあるエリア「艋舺（モンガ）」を舞台に、80年代裏社会へ足を踏み入れた極道の息子と仲間5人の物語。戒厳令が解除され、彼らの裏社会にも変化の波が訪れます。裏切りや抗争、そして真の友情とは。

『モンガに散る』DVD & Blu-ray 発売中／4,180 円（税込）
発売元：ブロードメディア・スタジオ／ハピネットファントム・スタジオ
売元：株式会社ハピネット・メディアマーケティング

4. 『賽德克・巴萊』 sài dé kè bā lái / 魏德聖 wèi dé shèng （2011年公開）

邦題『セデック・バレ』

日本統治下の台湾で起きた、原住民族・セデック族による抗日暴動「霧社事件」を描く歴史超大作。二部構成、4時間以上の長尺！ 南投県の山奥で実際に起きた事件を通じ、"親日"と一言では言い切れない、台湾の真実を知ることができます。

『セデック・バレ』Blu-ray & DVD 発売・販売元：マクザム＋太秦

5. 『推手』 tuī shǒu / 李安 lǐ ān （1991年公開）

世界的に名を馳せるアン・リーの父親三部作の一作目。彼の作品は、「中華」の人々を、グローバルな視点で描くことで有名です。主人公で太極拳の先生をしているおじいさんが異国の地で暮らす姿を通して、文化のギャップや衝突を表現した作品。

6. 『愛情來了』 ài qíng lái le / 陳玉勳 chén yù xūn （1997年公開）

邦題『ラブゴーゴー』

舞台は90年代の台北。同じアパートに住むキャラの濃い3人が主人公。容姿端麗とは言えない男女の不器用な恋愛を、コミカルに描いた作品。内容以外の見所としても今の台北とはまた雰囲気の違う、味のある台北の風景が楽しめます。

『ラブゴーゴー』5,280 円（ブルーレイ） 発売・販売元：竹書房

7.『一頁台北』
yí yè tái běi
/陳駿霖（2010年公開）
chén jùn lín

邦題『台北の朝、僕は恋をする』

この作品を見て、僕も台北に恋をしたかもしれません。パリにいる恋人に会いたい主人公と、彼に想いを寄せる書店員が騒動に巻き込まれるラブストーリー。誠品書店や師大夜市などが登場し、この作品を何度も見て台北に思いを募らせていました。

8.『呪』
zhòu
/柯孟融（2022年公開）
kē mèng róng

邦題『呪詛』

近年の台湾ホラー映画の中で、"史上もっとも怖い"と呼び声の高い作品。実際に起きた事件からインスパイアされています。台湾の宗教や伝承などをモチーフに作られ、最強に怖いけれど、これぞ台湾ならでは！の土着ホラーとしておすすめ。

9.『藍色大門』
lán sè dà mén
/易智言（2002年公開）
yì zhì yán

邦題『藍色夏恋』

青春系の作品が多い台湾映画で、これはまず見ておいた方が良いレジェンド的作品です。今や台湾を代表する役者の**桂綸鎂**と**陳柏霖**の新人の頃の作品。高校生の淡い三角関係の恋物語を、優しいタッチで美しく描いています。

10.『看見台灣』
kàn jiàn tái wān
/齊柏林（2013年公開）
qí bó lín

邦題『天空からの招待状』

全編空撮という手法で、台湾のありのままを映した作品。ドキュメンタリー映画としては異例の大ヒットを記録。この作品の続編の撮影中、監督の齊柏林は搭乗していたヘリコプターが墜落して、残念ながら亡くなってしまいました。

 田中的ポイント

金馬獎
jīn mǎ jiǎng

台湾のアカデミー賞に
毎年の注目！

年に一度開催、台湾版アカデミー賞と呼ばれる華語映画の祭典「**金馬獎**」。台湾人も注目の、国民的一大イベントです。さて、この名称はどうして"金の馬"なのでしょうか？　1962年、第一回が開催されたこの年は、台湾と中国の対立が深刻な時期でした。特に、離島の「**金門**」と「**馬祖**」は軍事最前線で緊迫感が強かったようです。政府は最前線で奮闘する軍人のように映画制作者も奮起してほしいと、それぞれの離島の頭文字から、その名をつけました。加えて覚えておいてほしいのが、台湾版グラミー賞である音楽の祭典は、「**金曲獎**」と言います。

台湾の好きな本 / 圖書 雑誌 10選

本
tú shū

1.『秋刀魚』
qiū dāo yú

出　版：黒潮出版

台湾人目線で日本を紹介するカルチャーマガジン『秋刀魚』。雑誌名の由来は、日本列島が秋刀魚のような形であり、また黒潮に乗り台日をつなぐ魚として、そして台湾語でも「sanma」と発音することから。

2.『左京都男子休日』
zuǒ jīng dōu nán zǐ xiū rì

著　者：男子休日委員會
出版社：自轉星球

京都の「左京区」に特化した、いわゆるガイドブックではない現地での生活を日記のように綴った一冊。台湾人の視点で見た暮らしの中の日本の良さを、この本から教えてもらった気がします。
（台湾 / 日本版ともに絶版）

3.『人情咖啡店』
rén qíng kā fēi diàn

著　者：Hally Chen
出　版：行人

おしゃれで洗練されたカフェが多い一方で、この一冊をきっかけに、台湾でレトロ喫茶ブームが起きました。台湾にも昔ながらの喫茶店が各地にあり、「人情」という味に出会えるお店を紹介しています。

4.『大誌雜誌
dà zhì zá zhì
The Big Issue Taiwan 』

出　版：大智文創

世界各国で発行されているビッグイシューの台湾版。毎号ジャケット買いしたいほど表紙デザインが秀逸。2017年、同出版社が発刊を始めたタブロイド誌「The Affairs 週刊編集」も注目です。

5.『台北無聊風景』
tái běi wú liáo fēng jǐng

著　者：鄭弘敬
出　版：黒潮出版

写真家・鄭弘敬の「台北のつまらない風景」という名の写真集。独自の目線で台北のごくありふれた日常、飾らない風景を切り取った、ショッキングピンクのビビッドな表紙がこれまたたまらなく"台湾"な一冊。

6.『百攤台灣』
bǎi tān tái wān

著　者：鄭開翔
出版社：遠流出版公司

台湾の代名詞、夜市など100種類の露店を、作者のイラストと言葉で綴られています。"露店こそ人間が行う最小限の商売の形"と話す作者。多種多様な露店から台湾らしい風景を、感じることができます。

7. 『 天 橋 上 的 魔 術 師 』
tiān qiáo shàng de mó shù shī

著 者：呉明益（翻訳 天野健太郎）
出版社：河出書房新社

台湾の小説で、日本語版でも出版されています。日本語のタイトルは、「歩道橋の魔術師」。1979年、現在の北門〜西門のあたり約2キロに及ぶ巨大な商業ビル「**中華商場**」が舞台の作品の連作短篇。

8. 『 三 貓 倶 樂 部 』
sān māo jù lè bù

著 者・出版：三貓倶楽部

イラストレーターの咪仔（ミーザイ）が描いたノンフィクションの短編漫画集。物語は、3匹の拾われた猫が一つ屋根の下で結成した「三貓倶楽部」の、ほのぼのとした日常生活。2023年9月現在は6巻まで既出。

9. 『 晩 安 條 通 』
wǎn ān tiáo tōng

著 者：柯景瀚
　　　 現地計畫編輯部
出版社：大洋製作

柯景瀚が主宰する「**現地計畫編輯部**」は、台湾ならではの文化に特化した出版プロジェクト。台北を代表する眠らないまち「**林森北路**」の"通り"に着目したこの一冊。台湾のZINEの、レベルの高さを感じさせてくれます。

10. 『 台 灣 門 神 圖 錄 』
tái wān mén shén tú lù

著 者：康鍩錫
出版社：貓頭鷹

台湾のお寺には、「**門神**」という門番のような役割を持つ絵が飾られ、お寺を守っています。「**門神**」はお寺により容姿は様々。これは台湾の各地の「**門神**」を集めた図録。「**門神**」を少し知ることで、台湾のお寺の楽しみ方がグッと深くなる一冊。

　田中的ポイント

通って仲良くなろう、独立系書店

田園城市
tián yuán chéng shì

朋丁
péng dīng

僕が大好きな本屋を紹介します。どちらも台北の中山駅付近にある店です。1つは田園城市。独立系書店界の大御所的存在。店主のビンセントさんはこよなく本を愛するブックカルチャー界のドン。彼の愛がこもった本の解説を聞いたり、世間話をしたりするお店です。もう1つはブックストア＆ギャラリーの「**朋丁 pon ding**」。ここは、世界中のアートブックや書籍をオーナーの陳依秋とKenyon Yehが選書しています。ここに来ると、必ず新しい発見や出会いも。

日本の

アニメ
動畫片
dòng huà piàn

漫画
漫畫
màn huà

映画
電影
diàn yǐng

発売元：ウォルト・ディズニー・ジャパン

© 2001 Studio Ghibli · NDDTM
© 2008 Studio Ghibli · NDDTM
© 1988 Studio Ghibli · NDDTM

1. 『 **吉卜力** 』 ジブリ
jí bǔ lì

台湾でも大人気のスタジオジブリ・アニメーション。ジブリ作品の台湾での一番人気は、「千と千尋の神隠し」のようです。

代表作品

千と千尋の神隠し
神隱少女
shén yǐn shào nǚ

崖の上のポニョ
崖上的波妞
yá shàng de bō niū

となりのトトロ
龍　　貓
lóng　　māo

風の谷のナウシカ
風之谷
fēng zhī gǔ

天空の城ラピュタ
天空之城
tiān kōng zhī chéng

もののけ姫
魔法公主
mó fǎ gōng zhǔ

2. 『 **哆啦A夢 / 小丸子 / 蠟筆小新** 』
duō lā A mèng　xiǎo wán zǐ　là bǐ xiǎo xīn

ドラえもん　ちびまる子ちゃん　クレヨンしんちゃん

日本のアニメ番組は台湾で毎日のように放映されています。字幕だけではなく、声も全て華語吹き替えです。台湾に行き始めた頃、よく見て華語を勉強したのがこの3作品。内容もなんとなく読めるのでおすすめ。

3. 『 **寶可夢** 』 ポケモン　　　**皮卡丘** ［ ピカチュー ］
bǎo kē mèng　　　pí kǎ qiū

台湾の子どもから大人まで夢中なのが「**ポケモン**」。「**ポケモンGO**」はツアーまで開設されるほどの人気。またコンビニの店内を中心に「**ポケモンカードゲーム**」が設置され、朝から晩まで、子どもに混じって大人までもが夢中になってプレイしています。

4. 『 **灌籃高手** 』 スラムダンク
guàn lán gāo shǒu

若者を中心に大人気で、OP映像の湘南の踏切が日本旅行の定番スポットにまで。映画「**スラムダンク**」も上映され、日本のアニメーション映画としては「**君の名は。**」を抜いて歴代2位の興行収入18億円を突破。ちなみに1位は「**鬼滅の刃**」。

你的名字 ［ 君の名は ］　　　**鬼滅之刃** ［ 鬼滅の刃 ］
nǐ de míng zì　　　　　　　guǐ miè zhī rèn

5. 「 **是枝裕和 / 岩井俊二** 」
shì zhī yù hé　yán jǐng jùn èr

アニメーション以外の日本の映画監督、および作品で、特に人気が高いのがこのお二人。是枝裕和氏の作品の生活の中の内なる人間模様や心情の表現、岩井俊二氏の作品の映像美や透明感と、どちらの作品も台湾人の創作者に多大な影響を与えています。

是枝裕和　©藤井保

1. 『食尚玩家』
shí shàng wán jiā

台湾を代表するローカルグルメ番組で、毎回台湾各地をコメディアンが訪れ、注目のお店や人気店を紹介します。「好吃」以外の表現の仕方を、この番組の食レポから学びました。

2. 『WTO姐妹會』
WTO jiě mèi huì

台湾の人気トークバラティ。台湾在住の外国人がそれぞれの国や、台湾の文化の違いについて語り合う番組なので華語自体もそれほど難しくなく、見てみる価値ありです。

3. 『同學來了』
tóng xué lái le

現役の大学生が出演するトーク番組。華語は「WTO姐妹會」よりも難しめ。リアルな会話のスピード感や、今流行っているものや大学生の実情など、言語以外の情報も手に入ります。

4. 『綜藝玩很大』
zōng yì wán hěn dà

台湾の大御所司会者・呉宗憲氏出演の屋外バラエティ番組。スタジオでのトーク番組が多い中、屋外でゲームをします。言語関係なく、リラックスしながら笑えるのでオススメです。

※現在は放送終了

5.
『康熙來了』
kāng xī lái le

12年間、月曜から金曜の夜に放送されたトーク番組。芸能人のスキャンダルなど聞き取りには苦労しましたが、この番組でネイティブな華語トークを学んだと言っても過言ではないほど、よく見ました。

田中的ポイント

職業大爆走 12:09

這群人 TGOP | 職業大暴走 Wrath of the Industry

這群人
zhè qún rén

イチオシの 台湾YouTubeチャンネル

テレビ番組と同じく、台湾人のリアルな会話表現を盗める方法としてYouTubeもよく見ています。特におすすめのチャンネルが「這群人TGOP」。チャンネル名の意味は、「このような人たち」。日常のあるあるな場面をショートコントで演じる番組。字幕は華語と英語。1つのテーマに対して、複数のコントが繰り返されます。パターン化されるので、華語がわからなくてもなんとなく何のシーンでどんなことを言っているか推測もできます。勉強にもなり、とにかく笑えて、「確かにこんな台湾人いる」と、共感することが多々あります。

193

台湾では、クリエーティブ関連のことに対して「文創」という言葉がよく使われます。「文化創意」の略称で、アート・音楽・映画・建築・出版などカルチャーやクリエーティブ全般を指し、広く定着してきました。

　そんな文創に関する話題でいえば、クリエーターやアーティストが社会問題や政治に対して意見表明することが、至極自然な風潮であると感じます。それを強く思ったのは、2014年の「**ひまわり学生運動**」です。この運動は、政府が推し進めた対中国自由貿易制度に対して、学生たちが行った大規模な抗議デモです。デモにはたくさんのクリエーターやアーティストが参加しました。台湾のロックバンド「**滅火器 Fire EX.**」は楽曲を制作。その曲は、この運動のアンセムソングに。また、ある写真家たちはクラウドファンディングで写真集『**天光―太陽花學運攝影集**』を出版、なんと約2600万円の支援金が集まりました。そのほか、映画監督の傅楡氏は、自身の危険を顧みずドキュメンタリー映画『**私たちの青春、台湾**』を制作しました。

　さらに現総統の蔡英文氏の選挙活動のポスターでは、台湾を代表するデザイナーのアーロン・ニエ氏が担当したことにも驚きました。このようなコラボレーションは日本ではなかなか想像し難いことです。これらから感じたことは、台湾人は自らのアイデンティティーへの意識が高く、政治観や宗教観においても、それぞれの意見や考えをしっかりと持っているということ。

　一方で、「很台（台湾っぽい）」「台味（台湾らしい）」という言葉を、ここ数年でよく耳にするようになりました。台湾のデザイナー廖小子 / Godkidlla 氏をはじめとするカルチャーの界隈では、台湾の土着的な風習やデザインを現代版にアレンジしたものが特に注目されています。これらの動きが台湾の「**文創**」らしさであり、「**自分たちの意見、行動、そして表現がこの台湾を作り、みんなで育てている**」という考え方が根源にあるからではないでしょうか。

　関連キーワード

クリエーティブ	ひまわり学生運動	台湾っぽい	台湾らしさ／テイスト
文 創	**太 陽 花 學 運**	**很 台**	**台 味**
wén chuàng	tài yáng huā xué yùn	hěn tái	tái wèi

日本とは違う？
台湾クリエーティブ「文創」の特徴

提供：曾祈惟

提供：Fire On Music

提供：廖小子 Godkidlla

提供：XXX

蔡英文	デザイナー	グラフィックデザイン	社会
蔡英文 cài yīng wén	**設計師** shè jì shī	**平面設計** píng miàn shè jì	**社會** shè huì

音楽	バンド	政府（行政）	中国（中華人民共和国）
音樂 yīn yuè	**樂團** yuè tuán	**政府** zhèng fŭ	**中國大陸** zhōng guó dà lù

　「文青」という、文学青年や文藝青年を略した言葉があります。もともと80年代の民主化当時、まだまだ文学や哲学、芸術の道に進む人が少なかった頃、そのような趣味嗜好を「文青」と呼んでいたそうです。その後時代は流れ、いわゆる現代のカルチャー好きの人たちをこう呼ぶようになりました。それがファッション化され、外見の特徴として黒縁メガネに前髪ぱっつん、靴はスニーカーに帆布バッグ、レトロなカメラを愛用し、愛読書は村上春樹…というのが文青的なスタイルに。雑誌でも「**文青必訪ショップ**」というような特集が組まれたりする中で、そのスタイルだけを真似た偽物「**假文青**」までもが話題になり、社会現象に。

　もう1つ文青たちの暮らし方を表す言葉が、村上春樹氏が作った「**小確幸**」です。派手なライフスタイルは好まず、手の行き届く範囲での幸せを大事にする傾向が強いと感じます。

　自分の部屋や机まわり、身につける雑貨にこだわったり、趣味に熱を注ぎます。近年でいうと自炊にガーデニング（特に多肉植物）、外ではピクニック、山登りやキャンプが人気です。

　台湾式のスローライフをテーマにした月刊誌「**小日子**」もあり、毎号のタイトルも文青心に刺さります。

　「**文青**」という言葉は、一時的にトレンドワードとしても扱われたものの、台湾人の老若男女を問わず好奇心旺盛さと、文化を大切にする心やその価値観を表した、台湾らしいワードの1つとして覚えておきましょう。

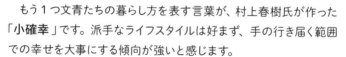

関連キーワード

カルチャー好き	偽物カルチャー好き	小確幸	レトロ	スローライフ
文 青	**假 文 青**	**小 確 幸**	**復 古**	**慢 慢 生 活**
wén　qīng	jiǎ　wén　qīng	xiǎo　què　xìng	fù　gǔ	màn　màn　shēng　huó

※「慢活 màn huó」とも言う

ガーデニング	山登り	キャンプ	ピクニック
家 庭 園 藝 jiā tíng yuán yì	**爬 山** pá shān	**露 營** lù yíng	**野 餐** yě cān

小日子	カメラ	メガネ	文学
小 日 子 xiǎo rì zǐ	**相 機** xiàng jī	**眼 鏡** yǎn jìng	**文 學** wén xué

台湾カルチャーを知る

特徴的なトピック **3**

　昨今の台湾らしいカルチャーの中で、チェックすべきが以下の3つです。

　1つはマーケットの意味を表す「**市集**」。露店文化の影響から日本以上にマーケットイベントは盛んです。**草率季**（台北アートブックフェア）のような年に1回の大型のものから、開催場所を変えながら毎月や毎週行う中小規模なものまで。

　2つめは「**リノベーション**」。日本でも今やリノベーションは当たり前に使われる言葉ですが、実感としてまだ日本で「**リノベーション**」があまり注目されていなかった頃から、台湾では空き家を利用して、ショップやカフェにリノベーションする動きがすでに多かったと思います。また、台湾を代表するカルチャー施設のほとんどは、歴史的建造物をリノベーションしたものばかりです。台湾では「**古いものを残し、新しいものと組み合わせていく、共存させる**」という考えがベースにあるからだと思います。

　3つめは「**DIY**」です。創作だけでなく店舗やブランドの立ち上げなど商売を始める時、「**DIY精神**」を台湾では強く感じます。資金がないならブリコラージュや工夫、しまいには見切り発車（差不多）で作っていく。ある意味インディペンデントとも呼べる DIY 精神を持つ台湾人が常に新しいカルチャーを牽引しています。

　さて台湾では、サブ／カウンターカルチャーのことを「**次文化**」と呼びます。サブではなく、ネクストなのです。この言葉を初めて目にしたときは、すごく背中を押された気がします。

▶ 関連キーワード

マーケット	台北 ART BOOK FAIR	建築	リノベーション
市 集	**草 率 季**	**建 築**	**空 間 改 造**
shì　jí	cǎo　shuài　jì	jiàn　zhú	kōng　jiān　gǎi　zào

「市集、改造、DIY」
台湾カルチャーの真骨頂

古民家
老 屋
lǎo　wū

生業を立てる
做生意
zuò shēng yì

だいたいで
差不多
chà bù duō

自分で造る／DIYする
自造（DIY）
zì　zào

お金を稼ぐ
賺 錢
zuàn qián

ハンドメイド
手 作
shǒu zuò

サブカルチャー
次文化
cì wén huà

独立系／インディーズ
獨立系
dú lì xì

　近年日本同様、台湾でも「地方」が注目されています。かつては台北一極集中だった時代から、地方へ人が分散し始めています。

　要因としては、日本同様地域の人口減少、高齢化などの問題から 2019 年に台湾政府による「地方創生」の打ち出しが始まったからです。さらにコロナ禍で海外旅行に行けない分、国内の旅行やリモートワーク、移住者も増加しました。ついに台北市の人口が過去 23 年間で最低を記録しています。

　カルチャー界隈では、今「地方」がアツいです。メディアでも地方をテーマにしたものが増えました。『地味手帖』という毎号ローカルのヒト・モノ・コトを紹介している季刊本も出版されています。また、「地方創生」や「関係人口」、「コミュニティーデザイン」「農業 6 次産業化」などのキーワードをテーマにしたイベントも増えています。

　しかし、地方がおもしろくなっているのは、それだけが理由ではありません。現在各地で活躍しているキーパーソンたちは、それ以前から「地方／ローカル」に着目し、実際に移住や二拠点のような暮らし方を始めていました。

　僕自身も彼らとの出会いで刺激を受けて、地元の福井県で「微住」という言葉を掲げ、福井との関係を築き、2018 年には福井をテーマに台湾の雑誌「秋刀魚」とのコラボレーションした本『青花魚』を発行、それ以降、台日両方のローカルに注目してきました。

　そうする中、これからはいかにお互いがつながり、それぞれのヒト・モノ・コトを交流させていくのか、それが、台日のカルチャーをさらに活性化させるための大きなテーマだと考えています。

提供：野再設計提供

関連キーワード	地方 **地 方** dì　fāng	地方創生 **地方創生** dì　fāng chuàng shēng	田舎 **郷 下** xiāng　xià

「地方」へ分散する人とカルチャー

提供：董淨瑋

提供：台灣國發會地方創生南區輔導中心

提供：顏歸真

移住	少子化	コミュニティー	農業
移 居 yí jū	**少 子 化** shǎo zǐ huà	**社 區** shè qū	**農 業** nóng yè

地味手帖	関係人口	微住	交流
地 味 手 帖 dì wèi shǒu tiē	**關 係 人 口** guān xī rén kǒu	**微 住** wēi zhù	**交 流** jiāo liú

あとがき

　カルチャーゴガクの世界、いかがでしたでしょうか？

　この本を執筆している最中、とある人物の言葉を思い出しました。

　それは、僕と同じ福井県出身の作家・水上勉氏の言葉でした。彼の地元おおい町で自身の蔵書の約２万冊を開架した図書室「若州一滴文庫」。その入り口には子どもたちへ向けた直筆のメッセージが飾られています。メッセージの最後には「ここにある本は勝手に読んでもらって構わない。そこから何かを"拾ってくれ"」と書かれています。子どもたちへ"人生も夢も与えられるものではなく、自分から手を伸ばして拾ってほしい"という思いがこの"拾う"という言葉に込められているのだと思います。

　この言葉に込められた思いと同様、語学力も決して与えられるものではなく、自ら拾っていくものではないかと思っています。

　本書の中で紹介している言葉、フレーズ、発音は全て、13年間僕が台湾を好きになり通う中で拾い集めた、流浪の知識と経験です。その中からピンときた言葉やフレーズを拾い、是非台湾現地で使ってみてください。本の副題の中にある"ニーハオのその先へ"、あと２、３言話せるだけできっとあなたの見る台湾旅の景色は変わります。そしてきっと、台湾人ともっと仲良くなれるでしょう。

　これまで語学に興味のなかった、もしくは興味はあったけど億劫になっていた方、でも台湾は好きなあなたへ、従来の語学勉強ではなく、是非カルチャーゴガクから始めませんか？　あなたのこれからの武器になることと信じ、僕自身もこれからも変わらずゴガクを拾い集め、磨いていきたいと思います。

　本書の執筆にあたり出版社・LLC インセクツの松村さんをはじめ、編集部のスタッフの皆さんには大変お世話になりました。

　この場をお借りして、感謝申し上げます。

2023 年 9 月吉日　田中佑典

Special Thanks

葉秉杰 / 陳成明 / 李郁函 / 吉住真二 / 曽祈惟
Eva Chen / Hank Chung / Argi Chang / 郭晴芳（Haru）
郭人豪 / 閏岱均 / 柯景瀚 / 吳凱傑 / 羅荷翔 / 紅林
カルチャーゴガクの先生たち / 生徒の皆さん（順不同）

カルチャーゴガク

台湾旅を楽しむための
田中式コミュニケーション術

2023 年 9 月 30 日　初版
田 中 佑 典　著

発 行 者　　松 村 貴 樹
発 行 元　　LLC インセクツ
　　　　　　〒550- 0003
　　　　　　大阪市西区京町堀 2 - 3 - 1 パークビュー京町堀 2F
　　　　　　work space_insects
　　　　　　T　06 - 6773 - 9881
　　　　　　HP　insec2.com
編　　集　　松 村 貴 樹
写　　真　　鄭 弘敬
カバーイラストレーション　　Yuning
台湾華語校閲　邱子菁（Q老師）
デ ザ イ ン　　掛 川 千 秋
印刷・製本　　シナノ印刷

ISBN978-4-907932-16-9
©Yusuke Tanaka 2023
©LLC INSECTS 2023 Printed in Japan